송강스님의
다시 보는 금강경

송강스님의
다시 보는 금강경

時雨松江 譯解

송강스님

- 한산 화엄(寒山華嚴)선사를 은사로 득도
- 화엄, 향곡, 성철, 경봉, 해산, 탄허, 석암 큰스님들로부터 선(禪), 교(敎), 율
  (律)을 지도 받으며 수행
- 중앙승가대학교에서 5년에 걸쳐 팔만대장경을 일람(一覽)
- BBS 불교라디오방송 '자비의 전화' 진행
- BTN 불교TV방송 '송강 스님의 기초교리 강좌' 진행
- 불교신문 '송강 스님의 백문백답' 연재
- 불교신문 '송강 스님의 마음으로 보기' 연재
- 불교 신문 '다시 보는 금강경' 연재
- 『금강반야바라밀경』시리즈 ,『송강스님의 백문백답』,『송강 스님의 인도 성
  지 순례』,『송강스님의 미얀마 성지순례』『경허선사 깨달음의 노래(悟道
  歌)』,『삼조 승찬 대사 신심명(信心銘)』,『송강스님이 완전히 새롭게 쓴 부
  처님의 생애』『초발심자경문』 출간
- 서울 강서구 개화산(開花山) 개화사(開華寺) 창건
- 현재 개화사 주지로 있으며, 인연 닿는 이들이 본래 면목을 깨달을 수 있도록
  기초교리로부터 선어록에 이르기까지 다양한 강좌를 진행하고 있으며,
  차, 향, 음악, 정좌, 정념 등을 활용한 법회들을 통해 마음 치유와 수행을 지도
  하고 있음

머리글

이 책은 불교신문에 1년간 연재한 원고를 엮은 것입니다. 정해진 횟수와 정해진 지면에 맞춰 쓴 것이기에 자세한 설명을 원하시는 분에게는 부족하게 느껴질 수도 있습니다.

경(經)은 부처님의 말씀을 옮긴 것입니다. 부처님께서 모든 이들을 해탈의 길로 인도하기 위해 하신 말씀이라면 그 핵심을 정확하게 전달하는 것이 가장 중요할 것입니다. 부분적인 것을 너무 상세히 설명하다 보면 어느 순간 핵심을 잃어버리는 경우도 많습니다. 이 책은『금강경(金剛經)』핵심에 집중할 수 있도록 전체적 흐름을 물 흐르듯 구성하려 노력했으며, 32분(分)의 각 분(分)을 독립적으로 보아도 잘 이해할 수 있도록 정리하였습니다.

불교신문에 연재한 것이기에 출가 수행자와 재가불자는 말할 것도 없고, 불교에 문외한인 일반인도 이해할 수 있도록 쉬운 언어를 쓰려고 노력하였습니다. 보다 전문적으로 공부하고 싶은 분들을 위해 불교신문에서는 생략했던 한문 원문을 함께 실었습니다. 아울러 이해를 돕기 위해 직접 촬영한 사진도 실었습니다.

이 책을 보시고도 『금강경』이 이해되지 않으신다면 그것은 전적으로 저자의 잘못입니다. 질책해 주시기 바랍니다.

불기 2562년 2월 서울 개화산 개화사에서
정초기도를 시작하며
時雨 松江 합장

목차

왜 다시 금강경인가?　　　　　　　　　　　13

금강경의 특징　　　　　　　　　　　　　28

금강경의 한역본과 제목　　　　　　　　　35

法會因由分 第一　　법회가 이루어지는 인연　　41

善現起請分 第二　　수보리 존자가 가르침을 청함　61

大乘正宗分 第三　　대승 불교의 가장 중요한 가르침　69

妙行無住分 第四　　뛰어난 수행에는 집착이 없다　77

如理實見分 第五　　가르침대로 참답게 보라　85

正信希有分 第六　　바른 믿음은 고귀하다　93

無得無說分 第七　　얻을 수도 설명할 수도 없다　103

依法出生分 第八　　가르침을 따르면 깨닫는다　111

一相無相分 第九　　깨달음에는 자취가 없다　119

莊嚴淨土分 第十　　불국토 건설(장엄)은 건설이 아니다　129

無爲福勝分 第十一　　깨닫는 것이 으뜸가는 복이다　137

尊重正敎分 第十二　　바른 가르침은 존중된다　145

如法受持分 第十三　　부처님처럼 깨닫고 전법하라　153

離相寂滅分 第十四　　관념을 초월하면 평화롭다　162

持經功德分 第十五　　부처님 가르침대로 실천하는 공덕　　187

能淨業障分 第十六　　업으로 인한 장애를 맑히는 공덕　　197

究竟無我分 第十七　　모든 법에는 끝끝내 실체가 없다　　205

一體同觀分 第十八　　하나의 몸 같은 지혜　　223

法界通化分 第十九　　법계를 모두 교화하는 법　　233

離色離相分 第二十　　육신과 상호만으로 여래를 볼 수 없다　　241

非說所說分 第二十一　　설한 것은 설함이 아니다　　249

無法可得分 第二十二　　얻을 수 있는 진리가 없다　　264

淨心行善分 第二十三　　맑은 마음으로 좋은 법을 실천하라　　272

福智無比分 第二十四　　복과 지혜는 견줄 수 없는 것　　280

化無所化分 第二十五　　교화하되 교화된 중생이 없다　　294

法身非相分 第二十六　　여래의 참모습은 상호가 아니다　　309

無斷無滅分 第二十七　　끊어짐도 없고 멸함도 없다　　325

不受不貪分 第二十八　　받지도 않고 탐착하지도 않는다　　339

威儀寂靜分 第二十九　　부처님 모습은 고요하고 평화롭다　　353

一合理相分 第三十　　실체는 관념들의 집합이 아니다　　360

知見不生分 第三十一　　지견을 내지 않아야 한다　　375

應化非眞分 第三十二　　조건 따라 보인 것은 참된 것이 아니다　　383

왜 다시 금강경인가?

▲ 부처님께서 깨달음을 이루신 보드가야 보리수가 있는 마하보디 사원의 모습

이천오백여 년 전에 불교가 시작될 때는 한 말씀도 없었다. 거기엔 깨달으신 진리만 있었다. 그 진리를 처음 깨달으신 부처님께서는 일곱 그루의 나무 아래를 옮겨 앉으시며 49일간 깊은 사유에 드셨다. 처음엔 침묵에 드시기로 잠정적인 결론을 내리셨다. 이것은 진리만을 보셨던 시간이었다.

하지만 곧 부처님께서는 괴로움에 빠져 있는 사람들에게 생각이 미치셨다. 진리 그 자체를 사람들에게 줄 수는 없으나 적어도 진리를 볼 수 있도록 도울 수는 있겠다고 생각하셨다. 그래서 "물 위에 올라왔어도 피지 않은 연봉오리나 아직 물속에 있는 연봉오리는 햇볕과 바람이 필요하듯이, 깨닫지 못한 중생들에게는 나의 도움이 필요할 것이다."라고 생각하셨다.

49일간의 사유가 끝나고 중생을 교화하기로

결정하신 부처님께서는 그로부터 45년간이나 수많은 사람들을 깨달음으로 인도하셨다. 이렇게 부처님의 가르침이 나왔다. 이것이 침묵 다음에 두 번째로 있게 된 '말씀'이다. 사람들은 이 '말씀'을 마음에 새기며 열심히 수행에 임하였다. 부처님께서 세상에 계실 때에는 이 말씀들을 엮어서 외울 필요가 없었다. 풀리지 않는 문제는 부처님을 만나 뵙고 여쭈어보면 되었던 것이다.

석가모니께서 세상에 계실 때에는 그 분이 곧 깨달음의 나무인 보리수(菩提樹)였다. 사람들은 부처님의 그늘 아래에서 삼매에 들었고, 온갖 것들로 가득 차서 복잡했고 답답했던 마음이 텅 비었다. 그리고는 거울에 영상이 비치듯 빈 마음에 세상 모든 것들이 왔다가 저절로 사라져버리는 특별한 체험들을 하게 되었다. 바로 절대적인 자유인 해탈(解脫)에 이른 것이었다.

부처님께서 열반에 드신 뒤 제자들은 부처님
의 가르침을 잊지 않고 세상에 전하려고 노력
하였다. 그래서 첫 번째로 행위에 대한 지침인

▲ 부처님의 사리를 모신 사리탑 가운데 원형을 잘 보존하
고 있는 산치대탑−2009년 12월 4일 참배 후 촬영

16

율(律)을 정리하였고, 다음으로는 깨달음에 이르는 길인 경(經)을 정형화하였다. 율(律)과 경(經)은 무수한 노력 끝에 이루어지긴 했으나 부처님께서 가리키시던 '그 무엇'이 아니라 '그 무엇'을 가리키던 손가락이었다. 만약 '그 무엇'을 본 사람이라면 손가락에 연연하지 않겠지만, 아직 보지 못한 이들에게는 손가락보다 더 중요한 것도 없다. 그래서 손가락에 대한 연구가 시작된다. 그리고 '그 무엇'에 대한 것도 논리적으로 규명하려는 이들이 나타나게 되었다. 그래서 세 번째로 논(論)이 형성되기에 이른다.

논(論)이 형성되는 과정에서 수행자들은 서로의 생각이 다름을 확인하게 되고, 결국 부파(部派)로 나뉘었다. 각 부파들은 자기들이 가장 뛰어나다는 것을 이론적으로 확립하려고 했고, 능력이 뛰어난 수행자들은 논리적인 주장을 체계화했다. 그리하여 수행자들은 대부분 일반인들이 상대하기 어려운 전문가가 되었다. 스님들은 문제를 안고 가면 쉽게 풀어주시던 예전의 석가모니부처님과는 다른 모습이었다.

그때쯤 불교는 철학적이며 사변적인 학파들을 형성하게 되지만, 한편으로는 부처님께서 가리켜 보이시려 했던 '그 무엇'은 점차 논리적이며 난해한 언어들로 인해 대중으로부터 멀어지고 있었다.

여기에 문제가 있다고 생각했던 수행자들은 부처님의 근본으로 돌아가자는 움직임을 보이기 시작했는데, 그것이 대승불교운동이다. 그들은 부처님의 가르침을 재정립하기 시작했다. 한편 부처님의 향기를 그리워했던 사람들은 부처님의 흔적을 찾아다니며 부처님의 가르침을 되새기는 방식을 택했는데, 그렇게 보리수(菩提樹)와 사리탑을 중심으로 모이기 시작했다.

이 새로운 움직임의 주체들은 자신들을 부처

님처럼 깨달음을 추구하면서 한편으로는 타인을 이롭게 하는 사람들이라는 뜻의 '보디사트바(Bodhisattva)' 즉 보살(菩薩)이라고 지칭했다. 대승불교의 경전에는 이 보살의 길이 갖가지로 설명되어 있다.

보살의 길은 지혜와 자비의 실천이다. 이것을 가장 분명히 한 것이 반야부경전이며, 그중에서도 『금강반야바라밀경』은 대승불교에서 가장 사랑받는 경전이다.

우리가 살고 있는 지금의 대한민국은 지혜와 자비가 절실히 필요하다. 따라서 지금부터 그 길을 『금강반야바라밀경』을 통해서 함께 살펴보고자 하는 것이다.

◆

1960년대 초『원효대사』를 읽고 나도 원효대사처럼 되었으면 좋겠다는 꿈을 꾸었다. 그 꿈으로 인해 나는 자연스럽게 절을 찾게 되었다. 당시의 사찰은 참으로 고요해서 적막하다는 표현이 어울렸다. 법당에 몇 시간 앉아 있어도 오가는 이 없었고, 어쩌다 연세 드신 보살님들이 보시고는 어린 학생이 무슨 고민이 많아 그렇게 앉아 있느냐며 측은히 여기셨다.

중학교 2학년 때 우연히 뵙게 된 큰스님들의 그늘이 좋아 주말이면 절에 올랐고, 큰스님들의 말씀에 젖어 지내기를 2년여 하였다. 큰스님들의 품은 마치 장삼자락처럼 넓었다.

고등학교에 입학하자 불교학생회에 가입하였고, 주말이면 학생회 법회에 참석했다. 나는 비로소 체계적인 교리를 익혔고, 곧 동계합동수련

대회에 참석하여 참선과 정근 및 삼천배의 경험을 하게 되었다. 그것이 너무나 좋아 방학 때는 사찰에 머물며 참선과 예참을 생활화하였고, 반드시 출가하여 수행하겠다는 원력을 세웠다.

▲ 어린 시절 가장 닮고 싶었던 분이셨던 원효대사 진영

한문으로 된 『초발심자경문』, 『진심직설』, 『유심안락도』 등을 공부한 후로 불교교리에 대한 탐구심은 더욱 강해졌고, 불교서적이 가장 많았던 불서보급사(佛書普及社)를 집처럼 들락거렸다. 사장님 대신 가게를 봐 주며 손에 잡히는 대로 불교서적을 탐독해 나갔다. 그렇게 서점의 불서를 거의 남김없이 읽었다. 그런 노력 때문이었는지, 우연히 당대 최고의 석학인 큰스님을 만나 1년 정도 교학공부를 할 수 있었다.

나는 마치 천하를 얻은 듯했다. 그래서 만나는 스님들과 토론을 하게 되었고, "네가 나보다 더 잘 안다"라는 말을 들을 수 있었다. 불교를 다 안다는 아만에 이르렀고, 깨달았다는 착각에 빠졌다. 만일 그때 큰스님들을 만나지 못했다면 얼마나 더 병이 깊어졌을지 모를 일이다.

다행히 큰스님 몇 분을 차례로 만나 죽비세례를 무수히 받은 후 머릿속의 불교지식이 허망한 것임을 알게 되었고, 큰스님들을 모시고 참선공부를 하게 되었다. 좌선과 화두공부가 잘되는 듯했으나 이번엔 무기공(無記空)에 떨어져 화두도 잊고 찰나에 몇 시간이 지나가기를 수없이 했다. 다시 큰스님들의 지도로 무기공에서 벗어났으나, 이번에는 화두 속에 내가 갇혀버렸다. 문 없는 무쇠상자에 갇힌 것 같았던 화두병은 혼자의 몸부림으로는 해결되지 않았다. 결국 스승님을 찾아 출가하였고, 막노동자보다 더한 1인 10역의 생활을 2년여 한 후에야 겨우 무쇠상자에서 벗어날 수 있었다.

▲ 1인 10역을 하던 영구암과 그때 만들었던 밭.

◆

　수계 후 선원과 강원을 오가며 공부하던 즈음 10.27법난이 터졌다. 나는 문득 총을 내 목에 들이대고 한마디 하라고 하면 무엇을 말할 수 있을까 하는 의심이 생겼고, 그 답을 찾기 위해 팔만대장경을 보기로 결심했다. 곧 중앙승가대학교에 몸을 의탁했고, 5년에 걸쳐 난방도 되지 않던 영하의 기숙사에서 목숨을 걸고 대장경을 일람했다. 어느 겨울 영하 15도의 냉방에서 달빛을 감상하다가 오랜 의심에 대한 답을 찾았다. 답은 본디 내 안에 있던 것이었다.

　내가 출가생활을 하는 동안 한국불교는 참 많이 변했다. 법회가 없던 사찰에도 대부분 정기법회가 생겼고, 부처님의 가르침을 전하는 책들은 수십 배로 많아졌다. 뿐만 아니라 불교방송도 생겼다. 이제 마음만 먹으면 언제라도 불법을 만날 수 있게 되었다.

그렇다면 오늘날 불자들은 모두 자유롭고 행복한 것일까? 자세히 살펴보면 내가 젊은 시절 경험했던 그 많은 오류들 가운데 하나에 머무는 듯하다. 어떤 이는 머릿속에 수많은 불교의 지식을 가득 담고 있으면서, 자신이 마치 높은 도의 경지에 있는 듯 자만심에 가득 차 있다. 또 어떤 이는 선어록을 앵무새처럼 말하면서 이미 깨달은 듯한 태도를 보이기도 한다.

사실 깨달음에 이르지 못하게 방해하는 것은 자신의 관념들이며, 그것을 적나라하게 지적하고 있는 것이 『금강경』이다. 그래서 많이 배우고 많이 알아서 병이 된 사람들에게, 다시 제대로 보기만 한다면 이 『금강경』은 멋진 스승이 되어 줄 것이다.

▲ 1980~1985년 5년 동안 난방이 되지 않던 겨울방학 기간
까지 목숨을 걸고 팔만대장경을 공부했던 당시 중앙승가
대학의 학사 겸 기숙사 앞에서 3기 동창스님들과 석주큰
스님을 모시고 기념 촬영 – 개운사 경내

금강경의 특징

▲ 대승불교의 고승들을 배출했던 인도 나아란다 대학의 유
적 일부 – 2009년 12월 7일 촬영

◈

2,600년이 넘게 지속된 길이 있다. 처음에는 길가에 작은 마을들이 있었으나, 점차 마을이 커지더니 이윽고는 거대한 도시들이 생겼다. 그 길의 이름은 반야(般若–초월적 지혜)이다. 만약 반야라는 길이 없었다면 2600여 년의 불교역사는 없었을 것이다. 외형적인 길의 모습은 많이 달라지긴 했으나 그 역할은 한결같았다. 부처님의 아주 간단한 말씀도 반야의 길이고,『화엄경』과『법화경』과『열반경』등의 수많은 경전도 바로 반야의 길이다. 초월적 지혜인 반야는 불교의 가장 큰 특징이며, 다른 종교나 철학사상과 다른 점이다. 최근에는 지혜라는 말을 누구나 다 사용하고 있지만 그 내용은 반야와는 많이 다른 것이다. 그래서 '초월적 지혜'라고 표현한 것이다. 이때의 초월이란 '지식과 일반적인 체험

의 범주를 초월'하고 있다는 뜻이다.

　반야에 대한 가장 소상한 가르침은 직접적으로 '반야'라는 용어를 제목에 넣고 있는 '반야부 경전'이다. 이 반야부 경전의 대표적인 경이『대반야경(大般若經)』인데 600부로 이루어져 있어서 '600부 반야경'이라고도 한다.『금강경』은 이 600부의 제577번째인 '능단금강분(能斷金剛分)'에 해당된다. 보살의 수행인 6바라밀에 대해 자세하게 설명하고 있는『대반야경』은 전체가 16회로 구성되어 있는데, 2회~10회가 먼저 한문으로 번역되어 중국에 유통되었다. 나머지는 현장스님이 인도를 다녀오신 뒤에 비로소 번역된 것이다. 그런데『금강경』에 해당되는 제577분의 '능단금강분(能斷金剛分)'은『대반야경』의 제9회에 해당되는 것이므로,『대반야경』보다 먼저 구마라집 스님 등 네 분 스님에 의해 한역되어 유통되고 있었던 것이다. 한편 4~5세기에 인도에서 활동하셨던 무착(無着-Asaṅga)스님의『금강경론(金剛經論)』과 세친(世親-Vasubandhu)스님의『금강경 27단의설(斷疑說)』이 있었던 것으로 보아, 이미 인도에서부터 독립된 경으로서 유통되었다고 볼 수 있다.

▲『금강경』의 설법이 이루어진 기수급고독원(기원정사)의 간디 꾸티 앞 설법당 유적지

『금강경』은 인도의 산스끄리프(Sanskrit)어
로 삼백게송이 되기에『삼백송 반야경』이라고도
한다. 이것은 독송하기에 아주 적정한 분량임을
뜻한다. 그러면서도 아주 짜임새 있게 되어 있
기에『대반야경』의 백미가 될 수 있다. 특이하
게도『금강경』에는 소승(小乘), 대승(大乘), 공
(空), 불성(佛性) 등의 용어가 보이지 않는다. 그
리고 오직 잘못된 것을 부수어 반야를 드러내는
것에 집중하고 있다. 또한 이론으로서『금강경』
을 보아서는 안 된다는 점을 무수히 되풀이하여
강조하고 있다. 그 대표적인 예가 "부처가 설명
한 반야바라밀은 곧 반야바라밀이 아니며 그 표
현이 반야바라밀이니라(佛說般若波羅蜜 則非般
若波羅蜜 是名般若波羅蜜)"라고 한 부분이다.
이것은『금강경』이 부처님께서 깨달으신 그 자

32

리에 들어가 부처님과 같은 반야지혜를 쓰라는 가르침이기 때문이다.

불교신도 가운데『금강경』을 여러 번 독송한다는 이가 많다. 어떤 이는 하루 20회 이상을 독송한다고까지 한다. 그런데 금강경의 핵심이 무엇이냐고 물어보면 대부분 잘 모른다는 것이다. 그래서 한 구절이라도 그 뜻을 바르게 깨닫는 것이 가장 좋다고 말해 주곤 한다. 이처럼 우리나라에서는『금강경』을 다라니 외우듯 하는 이들이 많은데, 비록 옳은 방법은 아니로되 아마도 그만큼『금강경』이 친근하기 때문일 것이다.

불교가 다른 종교와 가장 크게 다른 것은 믿음을 강조하기보다는 깨달아 부처가 되기를 권한다는 점이다. 물론 낮은 경지에 있는 이에게는 굳건한 믿음(信)을 권하고 있긴 하지만, 그 믿음마저도 스스로 부처가 되기 위해 필요한 것이기에 권하는 것이다. 우리가 스스로 깨달아 부처가 될 수 있는 까닭은 우리에게 부처님과 동일한 반야지혜가 감춰져 있기 때문이다. 중생이 부처님과 다른 점은 그 반야지혜가 자신에게 있음을 모르고 아직 사용하지 못한다는 점이다. 만약 세상의 모든 지식을 습득해야만 부처가 된다거나 팔만대장경을 다 외워야 부처가 된다고 한다면, 과연 누가 부처가 되겠는가. 하지만 자신에게 감춰져 있는 반야지혜를 찾아내어 쓰는 것은 누구나 노력하면 가능한 일이다.

중생이 반야지혜를 쓰지 못하는 것은 번뇌 때문인데, 이 번뇌마저도 스스로가 만들고 있는 것에 불과하다는 것을 명확하게 가르쳐 주고 있는 것이 『금강경』이다.

금강경의 한역본과 제목

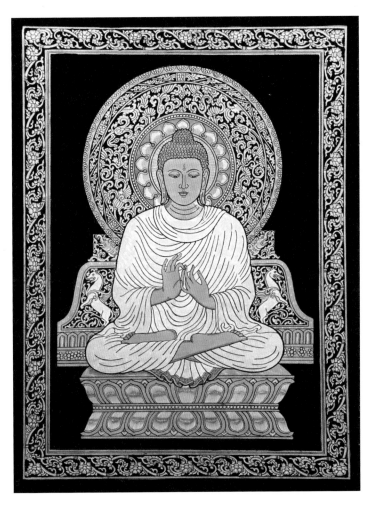

▲ 설법하시는 부처님 – 미얀마에서 조성. 옻칠 바탕에 금
  – 1996년에 모셔 옴

◆

『금강경』이 중국에서 번역된 것으로는 여섯 종류가 있다. 그것을 번역된 차례대로 살펴보면 다음과 같다.

[1] 구마라집(Kumārajva)스님 역
    『금강반야바라밀경』

[2] 보리유지(Bodhiruci)스님 역
    『금강반야바라밀경』

[3] 진제(眞諦-Paramārtha)스님 역
    『금강반야바라밀경』

[4] 달마급다(Dharmagupta)스님 역
    『금강능단반야바라밀경』

[5] 현장(玄奘)스님 역
    『능단(能斷)금강반야바라밀경』

[6] 의정(義淨)스님 역
    『불설(佛說)능단금강반야바라밀경』

이 여섯 가지 번역본 중 최초로 번역된 구마라집 스님의 번역본이 한국, 중국, 일본에서 거의 절대적으로 독송된다. 글의 흐름이 가장 매끄럽고 아름답기 때문이다. 이번 강의의 저본도 구마라집스님의 번역본이다. 그런데 구마라집스님 번역이 산스끄리뜨본(梵本)과 다른 부분이 몇 곳 있고, 다른 한역본과도 표현의 차이가 많다. 그것을 대조하여 구마라집스님 한역본(漢譯本)이 오랜 세월 필사(筆寫)로 전승되는 과정에서 생긴 오류들을 바로잡은 '송강 편역『금강경』'을 중심으로 본문 강의를 전개한다.

경의 원 제목은『바즈라 체디까아 쁘라즈냐아 빠아라미따아 수우뜨라(Vajracchedikā Prajā Pāramitā Sūtra)』이다.

'바즈라(Vajra)'는 다이아몬드이며, '체디까아(cchedikā)'는 '잘 자른다'는 뜻이다. '쁘라즈냐아(Prajā)'는 초월적 지혜인 반야(般若)이며, '빠

아라미따아(Pāramitā)'는 '완성(完成)'의 뜻으로 열반의 세계에 이르는 것을 가리킨다. '수우뜨라(Sūtra)'는 '지름길'이며 '바른 길'인데, 부처님의 가르침(經)은 진리에 이르는 지름길이 되고 해탈·열반에 나아가는 바른 길이라는 뜻이다.

이것을 중국식으로 옮길 때『금강반야바라밀경』또는 '체디까아'의 뜻을 살려 능단(能斷)이라는 단어를 넣기도 했다. 그러나 금강(金剛) 그 자체에 잘 자르는 성질이 포함되어 있기 때문에 '능단'을 빼고『금강반야바라밀경』이라고 해도 뜻에는 변함이 없다.

금강(金剛, Vajra)은 다이아몬드이다. 당시 다이아몬드가 없었기에 바즈라(Vajra)를 '금강저(金剛杵)'로 번역해야 한다는 주장이 있으나, 기원전 6세기부터 원석의 다이아몬드가 남자들의 호신장엄구로 사용되고 있었기에 다이아몬드로 보는 것이 더 타당하다. 이 다이아몬드는

'반야'를 설명하는 것인데 반야가 불성(佛性-부처성품)에서 비롯되므로 불성(佛性)을 가리키는 말도 된다. 다이아몬드에는 몇 가지 특징이 있다. 가장 강한 자연물이므로 다른 자연물에 의해 훼손되지 않으며, 가장 강하기에 무엇이든지 부술 수 있으며, 투명하게 맑고 또한 가장 고귀하다. 우리에게 감춰져 있는 반야지혜에도 이런 특징이 있다.

반야(般若. Prajā)는 초월적 지혜이다. 지식과 경험의 한계성을 뛰어넘는 지혜이다. 어두울 땐 두려워도 밝아지면 그 두려움이 사라진다. 두려움이 없으면 그릇된 생각을 하지 않게 되고 모든 것을 있는 그대로 보게 된다. 맑은 거울에는 모든 것이 그대로 비치듯 반야도 있는 그대로를 보는 직관적 지혜이다.

바라밀(波羅蜜, Pāramitā)은 '도피안(到彼岸)' 즉 괴롭고 고통스런 이 언덕에서 자유롭고 평화로운 세계인 저 언덕으로 건너간다는 뜻이다. 반야가 반야로만 있어서는 안 된다. 모두의 삶 속으로 녹아들어 자신과 타인의 삶을 정화시켜야 하는데, 그 측면을 바라밀이라고 한다.

경(經, Sūtra)은 부처님의 말씀을 기록한 것이다. 부처님은 행복에 이르는 바르고 정확한 길을 중생들에게 제시하셨다. 그러므로 경에 의지하여 닦으면 반드시 행복한 삶 즉 깨달음에 이른다.

이상의 제목에서 보면『금강경』은 완벽한 반야의 지혜로 해탈에 이르게 하는 가르침이라는 것이다. 다시 말해『금강경』은 모든 집착과 분별을 끊게 하고, 영원히 자유롭고 행복한 세계인 깨달음에 이르게 하는 최상의 가르침을 제시하고 있다는 것이다.

法會因由分 第一
법 회 인 유 분 제 일

법회가 이루어지는 인연

▲ 마치 숲의 나무와도 같이 고요한 부처님과 제자들의 행렬

如是我聞 一時 佛 在舍衛國祇樹給
孤獨園 與大比丘眾 千二百五十人俱
爾時 世尊 食時 着衣持鉢 入舍衛大
城 乞食 於其城中 次第乞已 還至本
處 飯食訖 收衣鉢 洗足已 敷座而坐

이와 같이 나는 들었다. 한때에 부처님께서 사위성의 기수급고독원에서 훌륭한 비구 스님들 천이백오십 인과 함께 계셨다. 이때 세존께서는 공양 때가 되어 가사를 입으시고 발우를 드시어 사위대성에 들어가셔서 밥을 비시는데 성 안에서 차례로 밥을 비신 후, 본래 계시던 곳으로 돌아오시어 공양을 드신 후 가사와 발우를 거두시고, 발을 씻으신 다음 자리를 펴고 앉으셨다.

이 부분은『금강경』이 시작되는 부분이다. 대개 서분(序分), 즉 법회가 만들어진 인연에 대해 설명하는 부분이라고 표현한다. 흐름으로 보면 맞는 설명이나, 근본적인 입장에서 보면『금강경』의 본질이라고 봐야 한다. 만약 이 부분을 보고 마음이 열려 부처님을 만난다면『금강경』을 끝내도 된다.

본문을 재구성해 보자.

이른 아침 기원정사에 안개가 걷히자, 부처님과 1250인의 비구스님들의 정좌한 모습이 보인다. 그들은 마치 숲의 나무인 듯 그렇게 정갈한 모습으로 숲과 하나가 되어 있었다. 이윽고 밥을 얻으러 나갈 시간이 되자, 부처님과 제자들은 모두 가장 고귀한 모습을 갖추고 발우를 든 채 인근의 사위성으로 들어가시어 아무런 욕심

없이 차례로 밥을 얻어 기원정사로 돌아오시어 식사를 하셨다. 그리고는 가사를 벗으시고 발우를 제 자리에 둔 후 발을 씻으신 후, 가부좌를 틀고 똑바로 앉으신 후 정념(正念)에 드셨다.

이것이 바로 한결같으셨던 부처님의 모습이다. 이것을 여여(如如)하다고 표현한다. 흔들림이 없는 삶 자체의 삼매이다. 열반적정(涅槃寂靜)이란 이런 것이다. 한 티끌도 없고, 흔들림이 없으며, 고뇌도 없다. 고요하고 맑고 평화롭다.

부처님께서 탁발을 나가시는 것은 사람들 속으로 들어가심이다. 그러므로 수많은 사람과 사건을 만난다. 따라서 수많은 대화가 있었을 것이고, 수많은 상황들이 전개되었을 것이다. 하지만 그것은 현상의 문제이다. 현상이란 무수히 다른 모습으로 나타났다가 사라진다. 그 모습들에 끌려다니면 괴로울 수밖에 없다, 그러므로 그 수많은 현상들을 관통하는 이치를 봐야 하며, 그러려면 고요한 삼매의 경지가 유지되어야 하는 것이다. 바로 그런 경지에 이르셨던 분이 부처님이시다.

부처님은 설명이 불가능하다. 부처님의 생애를 추적하고 아무리 상세히 서술한다고 해도 거기엔 부처님이 계시지 않는다. 다만 그림자를 그려 본 것이며, 그저 흔적을 따라가며 각자의 경지로 느낄 수 있을 뿐이다. 부처님께서 깨달으신 경지도 설명이 불가능하다. 비록 팔만대장경을 샅샅이 훑어보아도 깨달음 자체는 거기 없다. 그러므로 객관적 존재로서의 깨달음은 얻을 수 없는 것이다. 타인의 체험을 무수히 되풀이하여 듣다 보면 마치 자기의 체험인양 착각을 일으키게 된다. 하지만 그것은 허상일 뿐이다. 방법은 스스로가 같은 체험을 해 봐야 하는 것이다.

『금강경』의 이 부분에서 부처님을 만날 수 있

는 사람은 참으로 뛰어난 경지에 있다. 『금강경』을 보는 이는 말로 표현되지 않은 부처님의 마음을 볼 수 있어야 하고, 그 고요함과 하나가 되어야만 한다. 그것이 언어이전(言語以前)의 본래면목(本來面目) 소식이다.

◇

『금강경』은 '이와 같이 나는 들었다'로 시작된다. 제자 중 기억력이 가장 좋았으며 부처님을 곁에서 모신 장로(長老) 아난(阿難-Ananda)존자가 부처님의 설법을 기억하여 암송하였기에 대부분의 경은 이렇게 시작된다. 그래서 믿음의 징표처럼 언급되는 것이다. 하지만 『금강경』을 제대로 만나기 위해선 아난존자가 기억한 부처님의 말씀이라고 믿을 것이 아니라, 스스로가 부처님께서 금강경을 설하시던 그 법회에 참석하여 직접 듣는 입장이 되어야만 한다.『금강경』이 자신에게 빛이 되고 길이 되려면 자신이 들어야 한다. 귀는 진리를 듣지 못하므로 맑은 마음으로 들어야 하며, 온갖 지식은 진리를 듣지 못하게 하는 훼방꾼이니 지식으로 인한 분별을 놓고 순수하게 들어야 한다.

『금강경』이 설해진 장소는 '기수급고독원' 즉 '기타태자의 숲에 급고독장자가 지은 절'인 기원정사(祇園精舍)인데, 건립된 유래가 매우 특별하다.

'급고독장자(給孤獨長者)'는 코살라국 부호 수닷타(Sudatta)의 별명으로, '외로운 사람을 도와주는 부자 어른'이라는 뜻이다. 불쌍한 사람을 보면 늘 베풀었기에 존경의 뜻으로 부른 별명이다. 이 수닷타장자가 마가다국에 갔다가 부처님을 뵙고 환희로운 체험을 하고는 부처님의 신자가 된다. 자신이 체험한 기쁨을 고국 사람들

과 공유하고 싶었던 수닷타는 부처님께 코살라
국의 방문을 간청하였다. 부처님의 허락을 받고
귀국한 수닷타는 곧 부처님과 제자들이 머무실
사원을 짓기로 마음먹고 장소를 물색하였는데,
가장 적합한 곳이 기타(祇陀-Jatr, Jata)태자
소유의 동산이었다. 장자는 태자에게 땅을 팔라
고 요청했으나 계속 거절당하다가, 태자로부터
"한 치 두께의 금으로 깔면 그 금을 받고 팔겠노
라"라고 농담처럼 하는 말을 듣게 되었다. 장자
는 그 즉시 재산을 금으로 바꾸어 땅에 깔기 시
작하였고, 태자도 그 까닭을 알고는 동산을 팔
았다. 그렇게 해서 '기타태자의 숲(기수)에 급고
독장자가 지은 사원(급고독원)'인 기원정사가 건
립되었다. 이 내용은 '해인사 팔상탱 녹원전법상
도'를 비롯해 여러 탱화에 부분적으로 그려져 있
을 정도이다.

수닷타장자는 그의 별명에서 알 수 있듯이 요

즘 말로는 자선 사업가이기도 했다. 그런 그가 부처님을 만난 뒤 거의 전 재산을 털어서 기원정사를 건립했다. 불쌍한 사람을 물질적으로 돕는 일도 중요하지만 그보다는 부처님을 만날 수 있는 기회를 만들어주는 것이 더 중요하다고 판단한 것이다. 마음을 변화시켜 편케 해 주고 각자가 삶의 주인공이 되게 하는 것이 가장 뛰어난 복지라는 것이 수닷타의 판단이었을 것이다. 부처님의 생애를 따라가 봐도 사람들의 마음을 살피고 치유하는 일에 집중하셨지, 빈민구제소를 세운다던지 하는 일은 하시지 않았다. 물론 자비로운 마음으로 서로 나누고 도우라는 보시의 가르침을 힘주어 말씀하셨다.

마음을 변화시키지 못한다면 물질적인 복지가 과연 얼마나 사람들을 행복하게 할 수 있을지 의문이다. 지금보다 가난하던 시절의 사람들 마음이 훨씬 넉넉했고, 가족과 이웃 간의 사랑과 정이 깊었다. 그러나 수입이 훨씬 늘어났고 전무하다시피 했던 복지시설도 이제 무수히 늘어났건만, 사람들의 사랑과 정은 줄어들고 불안과 불만은 커져만 간다.

절에 가도 스님들은 대부분 출타하여 만나기 어렵다는 불만의 말은 많이 들리고, 동시에 종단에서 승려노후복지 필요성을 역설하는 소리는 자주 들린다. 하지만 지금보다 훨씬 열악한 환경이었던 이전의 절은 수행의 향기 가득했고 염불 소리 끊이지 않았으며, 노소스님들은 모두가 맡은 소임에 충실하여 아름다운 가풍이 이어졌다. 스님들이 할 수 있는 가장 큰 복지는 사람들의 마음을 편케 해 주는 것이다. 그러려면 도량도 맑고 따뜻해야 하며, 스님 자신도 향기로워야 한다.

『금강경』 법문을 들은 청중을 대개 1,250인의 비구스님들이라고 하는데, 이것은 부처님과 더 불어 기원정사에 머물던 스님들의 숫자이다. 하지만 『금강경』 설법을 들은 대중은 그 스님들을 포함하여 사부대중이었다. 신자들은 도량에 기거할 수 없고 설법할 때만 참석하게 되는 것이다. 그래서 이 경을 마칠 때는 비구 비구니 우바새(남자신자) 우바이(여자신자)를 비롯해 천신(天) 일반인(人) 아수라까지 모두 환희하여 부처님의 가르침을 받들어 행한 것으로 되어 있다. 하지만 이런 구분은 크게 중요하지 않다. 자신이 바로 그 청중 속에서 부처님의 설법을 환희롭게 들을 수 있어야 한다는 점이 가장 중요하다.

▲ 수닷타장자가 제따동산을 사기 위해 금을 깔고 있는 장
면– 해인사 대적광전 팔상탱 녹원전법상 부분도

『금강경』은 특이하게 의식주(衣食住) 얘기로 시작했다. 의(衣)는 걸식 나갈 때 가사(袈裟)를 수함이고, 식(食)은 걸식하여 먹는 것이며, 주(住)는 기원정사이다. 의식주는 현상적 삶을 꾸려가는 기본이다. 바로 이 기본이 어떠해야 하는가를 상징적으로 보여주고 있다. 출가자도 역시 현상적 삶은 의식주를 기본으로 하는데, 그것이 부처님의 가르침에 맞아야 한다. 사실 불제자가 아니더라도 의식주를 해결하기 위한 모든 행위가 양심에 부끄럽지 않아야 바른 삶이 아니겠는가.

걸식(乞食)은 단순히 밥을 비는 비굴한 행위가 아니다. 목숨을 걸고 치열하게 수행한 것을 일반인들과 나누는 소통의 시간이다. 부처님 이전의 수행자들도 그렇게 해 왔던 것이 인도의 전통이었지만, 부처님께서는 걸식을 법회와 같은 수준의 중요한 시간으로 봤기에 법회 때와 마찬가지로 대가사를 입었던 것이다. 현재 남방의 탁발의식은 침묵으로 일관하는 것이 관행이지만, 부처님 당시의 탁발은 상담의 시간을 겸했을 것이다. 경전에는 부처님께서 탁발을 나가시던 때에 일어나는 많은 얘기들이 있다. 현재 이 걸식의 정신은 불공(佛供)과 기도로 이어진다고 할 수 있다. 불공과 기도를 통해 스님들은 신도와 만나며 아울러 갖가지 상담을 한다. 반면 신도들은 자기의 목표를 설정하고 혼신의 힘을 쏟는 것이다. 따라서 불공과 기도는 스님들과 신도가 마음을 열고 만나는 시간이다.

수행자는 도량에 머물러야 한다. 부처님의 제자들은 특별한 경우를 제외하고는 집단생활을 했다. 집단수행은 부처님이나 장로스님을 중심으로 이루어졌다. 그래서 석존 당시의 죽림정사

(竹林精舍), 기원정사(祇園精舍), 대림정사(大林精舍), 영산회상(靈山會上) 등의 유적이 남아 있고 그 이후로도 아잔타나 엘로라 등의 집단 수행처가 있는 것이다. 집단수행은 혼자 수행할 때의 여러 가지 위험요소를 예방하기 위함이었다. 만일 대중처소가 아닌 곳에서 스승도 없고 탁마할 도반들도 없이 지낸다면 바람직하지 않다. 대중이 스승이고 도반들이 스승이 되는 법인데, 수행이 얕은 상태에서 스승도 없이 마음대로 사는 것은 수행자라고 보기 어렵다. 재가자라도 혼자 살면 흐트러지게 마련이다.

석존께서는 출타하실 때 대가사를 착용하셨다. 사람들은 먼저 외모로 판단한다. 흐트러진 복장을 하고 다니면 누가 봐도 수행자답지 못하다는 생각을 한다. 상대로 하여금 부정적인 생각을 갖게 하는 것은 전법이나 포교에 장애를 일으킨다. 우리나라의 옛 스님들은 장삼에 가사를 수하고 다니셨다고 한다. 지금 똑같이 하기는 어렵지만 적어도 두루마기까지는 잘 갖춰 입고 다녀야 한다. 사업을 하는 재가자도 상담자에게 흐트러진 모습을 보이면 성공하기 어려울 것이다. 출가자와 재가자의 모습은 다를지라도 삶을 영위하는 이치는 같다.

수행자의 식사는 어떠해야 할까? 석존께서는 걸식하시고 돌아오시어 그대로 밥을 드신 후에야 대가사를 벗으셨다. 그것은 법회나 걸식 및 식사가 동일하게 중요한 것이라는 뜻이다. 현재 조계종의 발우공양도 그런 정신을 계승한다. 발우공양을 할 때는 장삼과 대가사를 착용하고 『소심경』을 외운다. 『소심경』의 내용은 부처님의 일생을 요약한 것과 불보살의 명호를 외워 그 은혜를 기리고, 공양물이 자기에게 올 때까지 수고한 모든 이들에게 감사하며, 아울러 아귀까지도 배려하면서 자신의 공부를 돌아보고 반드시 성불하겠다는 원력을 굳건히 한다. 공양이 끝날 때까지는『소심경』외의 어떤 말도 허용되지 않는다.

부처님께서는 식사를 마친 후에 대가사를 벗으시고 발우를 거두신 후 이윽고 발을 씻으셨다. 그것은 부처님께서 맨발로 다니셨기 때문에 씻으신 것이기도 하지만, 걸식하러 다녀온 시간의 그 모든 것을 다 정리해 버리는 행위이기도 하다. 그리고는 가부좌로 앉으시어 정념의 경지에 드셨다. 이것이 일체의 행위를 종식하는 적멸의 경지이다.

▶ 수행자에겐 큰스님과 대중과 도반이 곧 스승인 셈이다 ─ 1982년 11월 겨울 승가대학 3기 도반들과 백련암에 올라 성철 큰스님을 모시고 촬영

『금강경』 제1분에서는 부처님께서 가장 깊은 반야바라밀을 보여주셨다. 반야바라밀은 목석처럼 되는 것이 아니다. 현상(事)으로는 지극히 미묘한 것(妙用)이며, 본성(理)으로는 적멸한 삼매(眞空)인 것이다. 이것이 바로 부처님의 전법교화 45년의 삶이었다. 여기에서 마음이 열리면 곧 여래를 본다.

善現起請分 第二
선 현 기 청 분 제 2

수보리 존자가 가르침을 청함

▲ 지혜로운 이들의 삶의 방식 – 빛의 전개(방혜자 선생 작
품)

時 長老須菩提 在大衆中 卽從坐起
偏袒右肩 右膝着地 合掌恭敬 而白
佛言 希有世尊 如來 善護念諸菩薩
善付囑諸菩薩 世尊 善男子善女人
<u>發阿耨多羅三藐三菩提心</u>¹⁾ 應云何住
<u>云何修行</u>²⁾ 云何降伏其心 佛言 善哉
善哉 須菩提 如汝所說 如來 善護念
諸菩薩 善付囑諸菩薩 汝今諦聽 當
爲汝說 善男子善女人 <u>發阿耨多羅三</u>
<u>藐三菩提心</u> 應如是住 <u>如是修行</u> 如
是降伏其心 唯然世尊 願樂欲聞

그때에 장로 수보리가 대중 가운데 있다가 곧 자리에서 일어나 오른쪽 어깨를 드러내고, 오른쪽 무릎을 땅에 꿇고 합장하여 공경하는 자세로 부처님께 사뢰어 말씀드렸다. "놀라운 일입니다. 세존이시여! 여래께서는 모든 보살을 잘 살펴 주시고, 모든 보살에게 가르침을 잘 전수해 주십니다. 세존이시여! 자질이 뛰어난 남자나 자질이 뛰어난 여인이 <u>보살의 삶을 살고자 하는 마음을 내었다면</u>,[1] 어떻게 발심해야 하며 <u>어떻게 수행해야 하고</u>[2] 어떻게 그 마음을 항복받아야 하겠습니까?"

부처님께서 말씀하셨다. "훌륭하고 훌륭하도다. 수보리여! 그대가 말한 것과 같아서 여래는 모든 보살을 잘 살펴 주고 모든 보살에게 가르침을 잘 전해 주느니라. 그대는 이제 잘 듣도록 하라. 당연히 그대를 위해 설명하겠노라. 자질이 뛰어난 남자나 자질이 뛰어난 여인이 <u>보살의 삶을 살고자 하는 마음을 내었다면</u>, 마땅히 다음과 같이 발심해야 하고 <u>다음과 같이 수행해야 하고</u> 다음과 같이 중생들을 제도해야 할 것이니라."

"잘 알겠습니다. 세존이시여! 바라옵건대 기꺼이 듣고자 하나이다."

『금강경』은 질의응답의 형식으로 진행되는 가르침이다. 알고 싶어 하는 사람에게 가르치는 것이 가장 효과적이다. 바로 그런 대화가 이제 시작된다. 제자 수보리 존자는 최상의 예를 갖추어 부처님께 여쭈었다. 먼저 '오른쪽 어깨를 드러내고 오른쪽 무릎을 땅에 꿇고 합장'한 것은 몸으로 최상의 예를 갖춘 것이다. "놀라운 일입니다. 세존이시여!"라고 한 것은 말(言語)로 최상의 예를 갖춘 것이다. 최상의 예를 갖춘다는 것은 그만큼 간절한 마음의 반증이다. 이는 스승에 대한 굳건한 믿음이며, 자신을 한없이 낮춘 것이기도 하다. 흔들리지 않는 믿음은 자신의 모든 것을 바꾸는 힘이 된다. 또한 자신을 낮추는 것은 낮은 곳에 물이 고이듯 일체의 공덕이 모이게 한다.

이어 "모든 보살들을 잘 살펴 주시고, 모든 보살에게 가르침을 잘 전수해 주십니다."라고 하였다. 이는 『금강경』이 보살의 수행에 대한 가르침이라는 뜻이다.

그런데 제2분에는 한역이 잘못된 부분이 있다. 한역 發阿耨多羅三藐三菩提心[1]에서 阿耨多羅三藐三菩提는 범본(梵本)에 아눗따라-삼약-삼보디(anuttarā-samyak-saṃbodhi)가 아닌 보디삿뜨바-야아나(bodhisattva-yāna)로 되어 있다. 한역하면 보살승(菩薩乘)이 되고, 우리말로는 '보살의 삶' 정도가 될 것이다. 따라서 '보살의 삶에 마음을 낸 사람'이라는 뜻이다. 이는 앞의 구절에 이어 다시 한 번 보살의 수행에 대한 가르침이 『금강경』임을 밝힌 셈이다. 이어 應云何住 云何降伏其心에서 범본과 다른 한역본에는 있는 云何修行[2]이 빠졌다. 이는 발심-수행-깨달음(중생제도)으로 이어지는 중간단계가 빠진 셈이다.

수보리 존자는 부처님께서 모든 이들을 보살의 삶으로 인도하신다고 확신했다. 그래서 보살의 삶을 살고자 하는 사람은 어떻게 발심하고 수행하여 깨달음으로 나아가 중생제도까지 하는지를 여쭌 것이다.

마음이 통하는 이를 만나면 참 기쁘다. 법문할 때 척 알아듣고 기뻐하는 이들을 보면 법사도 한없이 기쁘다. 부처님께서 수보리 존자의 질문을 받았을 때 바로 그러하셨을 것이다. 그러므로 수보리 존자를 칭찬하고 그 물음에 긍정을 한 후에, 앞으로 보살의 발심과 수행과 깨달음으로 나아가는 것에 대해 소상히 말씀해 주실 것을 밝히셨다. 마음이 서로 통한 모습이다.

위의 문답 내용을 보면 『금강경』의 요지가 분명해진다. 부처님의 제자는 모든 중생을 인도해 깨달음에 이르게 하면서 동시에 자신도 깨달음

으로 나아가는 보살의 삶을 살아야 한다는 것이
다.『금강경』이 조계종도가 의지하여야 할 소의
경전(所依經典)이 된 까닭이기도 하다.

大乘正宗分 第三
대 승 정 종 분 제 3

대승 불교의 가장 중요한 가르침

▲ 8세기에 조성된 문수보살상(Manjusri) – 나란다대
학의 승원터에서 출토 – 델리국립박물관 소장

佛告須菩提 諸菩薩摩訶薩 應如是
降伏其心 所有一切衆生之類 若卵
生 若胎生 若濕生 若化生 若有色 若
無色 若有想 若無想 若非有想非無
想 我皆令入 無餘涅槃 而滅度之 如
是滅度 無量無數無邊衆生 實無衆生
得滅度者 何以故 須菩提 若菩薩 有
我相人相衆生相壽者相 卽非菩薩

부처님께서 수보리에게 말씀하셨다. "모
든 보살 마하살은 마땅히 다음과 같이 그
마음을 항복받아야 하느니라. (즉) 존재하
는 모든 중생의 무리인 알로 생긴 것, 태로
생긴 것, 습기로 생긴 것, 변화하여 생긴

것, 모양이 있는 것, 모양이 없는 것, 생각이 있는 것, 생각이 없는 것, 생각이 있는 것도 아니고 생각이 없는 것도 아닌 것들을 내가 모두 완벽한 열반에 들게 하여 제도하겠노라고 해야 하느니라.

그러나 이렇게 한량없고 헤아릴 수 없으며 끝없는 중생을 열반에 들게 할지라도 참으로 중생을 열반에 들게 했다는 생각이 없어야 하느니라. 왜냐하면 수보리여, 만약 보살에게 나라는 관념(我相), 사람이라는 관념(人相), 중생이라는 관념(衆生相), 목숨이라는 관념(壽者相)이 있으면 곧 보살이 아니기 때문이니라."

이 부분은 부처님께서 제자 수보리의 질문에
대해 본격적으로 말씀의 가르침을 내리는 최초
부분이다. 불교의 경(經)이나 논서(論書)는 대부
분 결론을 앞에 둔다. 자질이 뛰어난 사람에게
는 아주 짧은 말로도 깨닫게 할 수 있기 때문이
다. 제1분에서는 말없이 최고의 자질을 갖춘 이
에게 가르침을 준 것이라면, 제3분에서는 가장
중요한 것을 말씀으로 가르친 것이다.

말씀의 앞부분은 '마음을 항복받아야 한다'고
되어 있지만, 내용은 대승의 발심을 설명한 것
이다. 범본이나 다른 한역본에도 '다음과 같은
마음을 내어야 한다'고 하여 발심(發心)임을 분
명히 했다. 그런데 구마라집스님의 한역(漢譯)
이 이렇게 되어 있는 것은 대승의 발심(發心)이
곧 수행(修行)과 중생제도(衆生濟度)까지를 포

함하고 있기 때문이다. 비록 셋으로 표현하였지만 별개로 나누어지는 것은 아니다. 셋이면서 동시에 하나이고 하나 속에 셋의 측면이 있는 것이다. 발심과 수행은 곧 자기 중생을 제도하는 것이고, 다른 중생을 제도하는 것은 자기의 발심이면서 동시에 그것을 실천에 옮기는 수행인 셈이다.

자신과 타인을 동일 선상에서 보는 것은 연기법(緣起法)의 원리에 의한 것이다. 『이것이 있으므로 저것이 있고, 이것이 일어나므로 저것이 일어난다. 이것이 없으면 저것이 없고, 이것이 사라지면 저것도 사라진다.』는 부처님의 핵심적인 가르침인 연기법은 모든 것이 독자적으로 존재하거나 생멸하지 않음을 분명히 밝혀 두었다. 그래서 대승불교가 부처님의 근본 가르침을 계승한다는 것이다.

앞부분에서 '알로 생긴 것(卵生)' 등은 중생을

태생적으로는 네 가지로 보았고, '모양이 있는 것(有色)' 등은 지적 수준이나 마음작용의 얕고 깊음 또는 낮고 높음에 따라 다섯으로 나눈 것이다. 이 부분은 보살이 어떤 종류의 중생이건 또는 어떤 영적경지(靈的境地)의 중생이건 남김 없이 제도해야 함을 가리킨 것이다.

'그러나' 이후의 뒷부분은 대승보살의 마음경지를 밝힌 부분이다. 비록 수많은 중생을 깨달음으로 인도했다고 해도 대승보살의 마음에는 흔적이 남으면 안 된다. 그래서 중생이 갖는 대표적인 관념(相)들을 들어서 그 어떤 것도 남아 있어서는 안 된다고 한 것이다. 이는 자기중심적 관념(我相) 또는 인간이라는 우월감(人相), 자기비하적인 관념(衆生相)이나 목숨을 어떻게든 유지하려는 관념(壽者相)을 비롯한 일체의 관념으로부터 자유로워야 함을 강조하였다. 구마라집스님 한역에는 위의 네 가지를 대표로

▲ 인도 아잔타 석굴사원의 제10굴 기둥에 있는 불화 – 부처
님께서 땅바닥에 엎드린 사람에게 손을 내밀고 계신다.

열거했지만, 관념은 무수히 많다. 생각이 고정되거나 굳어진 것은 모두 관념이며, 이것이 마음에 걸림을 만드는 것이다. 마음에 걸림이 있으면 이미 대승보살은 아니다. 심지어 부처님의 가르침이라고 할지라도 거기 묶여 있으면 그저 유식한 중생이다. 스스로 걸려 있는 사람이 어찌 타인을 깨달음으로 인도하겠는가.

대승보살은 남이 하지 못하는 일을 능히 하면서 동시에 그 마음이 맑은 거울 같아야 한다. 거울은 앞의 것을 다 비춰 보여주지만, 앞의 것이 사라지면 다시 텅 비는 것이다. 양무제가 달마대사께 자신의 업적을 자랑하면서 공덕이 얼마나 되느냐고 물었지만, 달마대사께서 '아무 공덕이 없다'고 일갈한 까닭이 여기에 있다.

妙行無住分 第四
묘 행 무 주 분 제 4

뛰어난 수행에는 집착이 없다

▲ 드넓은 기원정사의 중심에 있는 여래향실(如來香室) 즉 부처님의 주처. 가장 안쪽이 부처님께서 설법하시던 곳이고 큰방은 제자들이 법문을 듣던 곳이다. 수닷타의 재시와 부처님의 법시 및 무외시의 장소이다.

復次須菩提 菩薩於法 應無所住 行
於布施 所謂 不住色布施 不住聲香
味觸法布施 須菩提 菩薩應如是布施
不住於相 何以故 若菩薩不住相布施
其福德不可思量 須菩提 於意云何
東方虛空 可思量不 不也世尊 須菩
提 南西北方四維上下虛空 可思量不
不也世尊 須菩提 菩薩無住相布施福
德 亦復如是 不可思量 須菩提 菩薩
但應如所教住

그리고 또 수보리여, 보살은 대상에 대해 마땅히 집착함이 없이 베풂을 행해야 하는 것이다. 말하자면 모양에 집착하지 않는 베풂이며, 소리·향기·맛·감촉·이치에 집착하지 않는 베풂이니라.

수보리여, 보살은 마땅히 이와 같이 베풀어서 일어나는 관념에도 집착하지 않는 것이니, 왜 그렇겠느냐? 만약 보살이 일어나는 관념에 집착하지 않고 베풀면 그 복덕을 생각으로 헤아릴 수 없는 것이니라. 수보리여, 그대의 생각에는 어떠한가? 동쪽 허공을 생각으로 헤아릴 수 있겠느냐? 못하옵니다. 세존이시여. 수보리여, 남쪽·서쪽·북쪽·동남쪽·남서쪽·서북쪽·북동쪽·위·아래의 허공을 생각으로 헤아릴 수 있겠느냐? 못하옵니다. 세존이 시여. 수보리여, 보살의 일어나는 관념에 집착함이 없는 베풂의 복덕도 역시 이러 해서 생각으로 헤아릴 수 없느니라. 수보 리여, 보살은 반드시 마땅히 이 가르침대 로 보시해야 하느니라.

◆

이 부분은 뛰어난 실천을 밝힌 부분이다. 대승보살의 뛰어난 실천인 수행은 육바라밀(六波羅蜜)로 귀결되는데, 여기서는 보시바라밀(布施波羅蜜)을 예로 드셨다. 즉 베풀되 대상에 집착하지 말고 베풀 것이며, 자기 마음에 자리잡고 있는 생각 혹은 손익계산 등에 의해 베풀어서는 안 된다고 하셨다. 베풂이 비록 멋진 실천 수행법이긴 하나 어떤 바람이나 계산 등에 의해 베푸는 것은 깨달음으로 가는 보살행이 아니다. 만약 깨달음으로 가는 보살행으로서 베푼다면, 반드시 걸림 없고 한계가 없는 허공 같은 깨달음에 이른다.

베풂 즉 보시에는 물질적으로 어려운 사람에게 재물로 도움을 주는 재시(財施-재물 베풂), 이치를 몰라 헤매는 사람을 깨우쳐 주는 법시

(法施-진리를 가르치는 베풂), 공포심으로 괴로워하는 사람의 두려움을 없애주는 무외시(無畏施-공포심을 없애 편안케 하는 베풂)의 세 가지를 대표적으로 든다. 사람들이 힘들어하거나 괴로워하는 것이 대개 이 세 가지 범주에 속하기 때문이다.

보살의 뛰어난 수행인 보시(布施)·지계(持戒-악행을 버림)·인욕(忍辱-자비로 포용)·정진(精進-깨달음을 향한 바른 노력)·선정(禪定-맑게 깸)·반야(般若-초월적 지혜)의 여섯 가지 실천 덕목은 낱낱이 다른 성격을 갖지만 또한 하나가 나머지 다섯을 포섭하기도 한다. 그러므로 보시바라밀을 말씀하신 것은 곧 육바라밀을 말씀한 것이나 같다. 다른 다섯 가지 바라밀이 보시에 통하는 것은 다음과 같은 이치이다. 지계와 인욕은 큰 자비를 길러 고통에 빠진 사람을 감싸 주고 도와주는 것이니 무외시(無畏

施)가 되고, 정진과 선정은 깨달음에 이르는 모습을 보이고 알려 주는 것이니 법시(法施)가 되며, 반야(般若)는 법시와 무외시가 된다.

베풀되 대상에 집착을 하면 해탈에 이르는 수행이 되지 못한다. 큰 보상을 받기 위한 베풂, 존경을 받기 위한 베풂, 상대의 지위나 세력 때문에 무언가를 바라는 베풂 등은 어느 정도 자신의 뜻을 이룰 수도 있다. 하지만 최후의 결과를 보면 대부분 괴로움으로 끝난다.

베풂이 보살의 수행이 되기 위해서는 그 결과가 모두에게 좋아야 한다. 그러려면 '내가 누구에게 무엇을 베풀었다'는 생각이 남아서는 안 된다. 즉 '나' '무엇' '누구'의 세 가지가 마음에 남아 있어서는 안 된다. 이것이 관념에 집착하지 않는 베풂이며 깨달음으로 나아가는 베풂이다. 이러한 베풂은 스스로를 허공처럼 만든다. 허공처럼 된 마음에는 걸릴 것이 없고, 걸릴 것이 없으므로 자유로우며, 자유롭기에 영원히 안락한 경지에 이르는 것이다.

예수님은 "너는 구제할 때에 오른손이 하는 것을 왼손이 모르게 하여 네 구제함을 은밀하게 하라."고 하셨고, 부처님은 "어떤 대상이나 생각에도 집착함이 없이 베풀어라. 그러면 허공 같은 경지에 이를 것이다."고 하셨다.

종교계나 종교지도자들은 이 말을 제대로 실천하고 있는가? 만약 그렇지 못하다면 천국에도 이르지 못할 것이고, 깨달음도 불가능할 것이다. 일반 대중들도 마찬가지이다.

如理實見分 第五
여리실견분 제5

가르침대로 참답게 보라
(여래를 만나는 법)

▲ 인도 라즈기르(Rajgir—왕사성) 영취산에 있는 부처님의 거
처인 여래향실. 이곳에서 부처님의 모습을 볼 수 있어야
비로소 여래를 본다고 할 수 있으리라. −2009년 12월 5일
촬영.

須菩提 於意云何 可以身相見如來不
不也世尊 不可以身相得見如來 何以
故 如來所說身相 卽非身相 佛告須
菩提 凡所有相 皆是虛妄 若見諸相
非相[1] 卽見如來

"수보리여, 그대의 생각에는 어떠한가. 훌륭한 신체적 특징을 다 갖추었다고 여래라고 볼 수 있겠느냐?"

"볼 수 없습니다, 세존이시여. 훌륭한 신체적 특징을 다 갖추었다고 여래라고 볼 수 없습니다. 왜냐하면 여래께서 말씀하신 훌륭한 신체적 특징을 갖추었다는 것은 곧 신체적 특징 갖춤이 아닌 것을 말씀하셨기 때문입니다."

부처님께서 수보리에게 말씀하셨다. "무릇 훌륭하고 뛰어난 모습이란, 그 모두가 허망한 것일 뿐이니, 만일 모양과 모양 아님을 모두 본다면[1] 곧 여래를 볼 수 있을 것이니라."

◆

제5분은 부처님의 가르침대로 참답게 보라는 제목을 걸었다. 무엇을 참답게 보라는 것일까? 부처님의 가르침(理)이 무엇을 가리키고 있는지를 알면 봐야 할 것이 분명해진다. 부처님의 가르침은 처음도 끝도 깨닫는 것이다. 깨닫기 전에는 괴로움으로부터 절대로 자유로울 수가 없기 때문이다.

보살의 삶이란 단순히 남을 돕는 것이 아니다. 앞에서 이미 강조된 것처럼 자신과 모든 사람들이 깨닫도록 노력하는 삶을 뜻한다. 그럼 깨달음이란 무엇인가? 그건 여래를 만나는 것이다. 여래를 만난다는 것은 곧 자신이 여래가 됨을 뜻한다. 여래는 여래만이 볼 수 있기 때문이다.

여래(如來-Tathāgata)란 드높은 깨달음에

도달하여 그곳에 머물지 않고 중생에게로 오신 분이라는 뜻이며, 진리 그 자체인 진여(眞如)로부터 오신 분이라는 뜻이다. 그런데 이 설명으로도 너무 막연하다. 그래서 여래에게 다가가는 열 가지 측면을 만들었는데, 그것을 여래의 별칭인 여래십호라고 한다. 십호(十號)란 모든 천신과 인간의 공양(대접)을 받을 수 있는 분(應供), 바르고 보편적인 진리를 깨달으신 분(正遍知), 세상에 필요한 모든 지식을 다 아시고 올바로 실천함이 완벽하신 분(明行足), 고통의 바다를 잘 건너서 깨달음의 언덕에 이르신 분(善逝), 세상의 모든 것을 꿰뚫어 아시는 분(世間解), 가장 뛰어나신 분(無上士), 중생을 잘 이끄시는 어른(調御丈夫), 천신들과 인간들의 스승(天人師), 완전한 깨달음에 이르신 분(佛), 세상에서 가장 존귀하신 분(世尊)이다.

보살의 수행이 모든 이로 하여금 깨달음에 이

르러 여래를 보게 하는 것이라면 어떻게 해야
할까?

　부처님을 중생과 외형적으로 구분하는 대표
적인 것이 32상 80종호로, 부처님의 몸에 갖추
어진 서른두 가지의 위인상과 여든 가지의 훌륭
한 특징이다. 부처님께서 바로 이것을 들어 수
보리에게 질문을 하셨다. "훌륭한 신체적 특징
을 다 갖추었다고 여래라고 볼 수 있겠느냐?"
수보리가 이에 답했다. "부처님께서 말씀하신
신체적 특징 갖춤이란 것이 그것만을 뜻하는 것
이 아니기에, 그 특징만으로는 여래를 볼 수 없
습니다." 그리고는 첫 번째의 게송이라고 일컬
어지는 凡所有相 皆是虛妄 若見諸相非相[1] 卽見
如來를 부처님께서 말씀하셨다. 이제까지의『금
강경』을 보면 若見諸相非相[1]을 '만약 모든 모양
이 모양 아님을 본다면'이라고 잘못 번역했다.
이 부분은 '만약 모양과 모양 아님을 모두 본다

면'이라고 번역해야 한다. 이제까지 중도(中道)와 연기(緣起)를 얘기하고 이사무애(理事無碍) 즉 이치(理)와 현상(事)의 원융(圓融)을 얘기하던 불교가 『금강경』에 와서 '모든 모양이 모양 아님을 보면 곧 여래를 본다'고 한다면 이상하지 않는가. 이 번역은 분명 오역이다. 여래를 볼 때 수행에 의해 빛나는 모습을 갖추신 것도 봐야 하고 여래의 십호도 잘 이해해야 하지만 그것만으로는 여래를 봤다고 할 수 없다. 결국 모양으로도 드러낼 수 없고 십호에 대한 언어적 설명으로는 보여줄 수 없는 여래를 봐야 하는데, 그 경지가 곧 깨달음이다. 다시 말해 깨닫기 전에는 여래를 완벽하게 봤다고 할 수 없다는 것이다.

참고로 이 게송이 범본 및 다른 한역본에서는 6구의 게송이며, 뜻을 정리하면 다음과 같다. "훌륭한 특징으로만 여래를 보려는 것은 허망한 일이다. 훌륭한 특징으로만 여래를 보려고 하지 않으면 허망하지 않다. 이와 같이 훌륭한 특징과 특징이 아닌 것으로써 여래를 관찰해야만 한다."

보살행이란 자신과 타인이 모두 깨달음에 이르도록 해야 하는데, 그 깨달음은 형상과 언어 문자로 표현된 여래를 완벽하게 이해하고 또한 실제로도 그 경지에 이르러야 한다. 그것이 참답게 여래를 보는 방법이다.

正信希有分 第六
정 신 희 유 분 제 6

바른 믿음은 고귀하다

▲ 후오백세(後五百歲)인 지금도 반야바라밀을 잘 보여주시는 달라이라마 존자님 – 2006년 8월 16일 다람살라 특별법회시 접견실에서 존자님 비서실장스님이 송강 카메라로 촬영.

須菩提白佛言 世尊 頗有眾生 得聞
如是言說章句 生實信不 佛告須菩提
莫作是說 如來滅後 後五百歲 有持
戒修福者 於此章句 能生信心 以此
爲實 當知是人 不於一佛二佛三四五
佛 而種善根 已於無量千萬佛所 種
諸善根 聞是章句 乃至一念 生淨信
者 須菩提 如來悉知悉見 是諸眾生
得如是無量福德 何以故 是諸眾生
無復我相人相眾生相壽者相 無法相
亦無非法相 何以故 是諸眾生 若心
取相 則爲着我人眾生壽者 何以故
若取法相 即着我人眾生壽者 若取非
法相 即着我人眾生壽者 是故 不應

取法 不應取非法 以是義故 如來常
說 汝等比丘 知我說法 如筏喩者 法
尙應捨 何況非法

수보리가 부처님께 여쭈었다. "세존이시
여, 이와 같은 가르침 설하는 말씀을 듣고
참다운 믿음을 내는 약간의 중생이라도
있겠습니까?"
부처님께서 수보리에게 말씀하셨다. "그
런 말 하지 말지니라. 여래가 열반에 든 후
후오백세에 이르러도, 계를 지니고 복을
닦는 사람이 있어서 이러한 말을 듣고 능
히 믿는 마음을 내어 이를 진실이라고 여
길 것이니라. 마땅히 알아야 한다. 이런 사

람은 한 부처님이나 두 부처님 · 셋 · 넷 · 다섯 부처님들께만 좋은 인연을 맺었을 뿐만 아니라, 이미 한량없는 천만의 부처님 계신 곳에서 좋은 인연을 맺었기 때문에, 이런 말을 듣고는 한결같은 마음으로 맑은 믿음을 일으키게 될 것이니라. 수보리여, 여래는 이 모든 중생이 이러한 한량없는 복덕을 얻는 것을 모두 알고 모두 보느니라. 왜냐하면 이 모든 중생은 다시는 나라는 관념 · 사람이라는 관념 · 중생이라는 관념 · 목숨이라는 관념이 없으며, 가르침이라는 관념도 없으며 가르침이 아니라는 관념도 또한 없기 때문이니라. 왜 그렇겠느냐? 이 모든 중생이 만약 마음에 관념을 가지면 곧 나라는 것·사람이라는 것·중생이라는 것·목숨이라는 것에 집착하게 되느니라. 왜냐하면 만약 진리라는 관념을 가져도 곧 나라는 것·사람이라는 것·중생이라는 것·목숨이라는 것에 집착하게 되는 것이고, 만약 진리가 아니라는 관념을 가져도 곧 나라는 것·사람이라는 것·중생이라는 것·목숨이라는 것에 집착하게 되는 것이기 때문이니라. 이런 까닭에 마땅히 진리라는 것을 고집해도 안 되며 진리가 아니라는 것을 고집해도 안 되는 것이다. 이러한 뜻이기 때문에 여래가 항상 말하기를, '그대들 비구는 나의 설법도 뗏목의 비유와 같은 것임을 알아야 한다'고 말한 것이니, 진리라는 것도 오히려 버려야 하거늘 하물며 진리가 아닌 것이야 말해 무엇 하겠느냐."

◆

　제6분은 바른 믿음(正信)에 대한 가르침이다. 제5분에서 여래를 만나는 유일한 길은 보살행이며, 이는 자타가 동시에 깨닫는 것임을 밝혔다. 그리고는 뒤를 이어 바른 믿음을 말씀하셨다.

　대승불교에서의 믿음은 맹목적으로 매달리는 믿음과는 다르다. 믿음에 대한 설명은 여러 경론에 많이 있다. 그 가운데『대승기신론』의 수행론에 들어 있는 '네 가지 믿음(四信)'이 대승불교의 믿음을 잘 설명하고 있다. 네 가지 믿음은 (1)생명의 근본인 진여를 분명히 믿고(信根本), (2)부처님께 무량한 공덕이 있음을 믿으며(信佛), (3)불법을 배우면 큰 이익이 있음을 믿고(信法), (4)출가수행의 길이 능히 자리이타를 행함을 믿는다(信僧). 이 믿음이 확고하여 용맹정진하면 반드시 생멸윤회의 어리석음에서 벗어나 진리

본연의 자리인 진여(眞如)를 깨닫게 되는 것이다. 한편『화엄경』에서는 이 믿음을 다음과 같이 표현했다. '믿음은 도(道)의 으뜸과 공덕의 모체가 된다. 일체의 모든 좋은 법 길이 길러, 의심 그물을 끊어 번뇌에서 벗어나게 하고, 적멸(寂滅)의 위없는 도를 열어 보인다.'

제6분에서 수보리존자는 스스로도 깨닫고 남도 깨닫게 하는 대승보살의 길을 행하는 이가 과연 얼마나 될지를 부처님께 여쭈었다. 이에 부처님께서는 몇 가지 중요한 말씀을 해 주셨다.

먼저 비록 말법시대(後五百歲)라고 해도 다생(多生)의 수행을 한 이가 있어서 반드시 보살행을 하는 이가 있다는 것이다. 여러 생을 말하면 대부분 강조하기 위해 꾸민 것처럼 생각하지만, 목숨을 걸고 죽음의 경계를 넘나들며 수행한 사람은 실제임을 안다. 왜냐하면 자기의 몇 전생 가운데 중요하고 결정적인 수행의 장면들이 보려고 하지 않아도 저절로 보이기 때문이다.

다음으로 여래에겐 무량공덕이 있으며, 그 무량공덕으로 말세에도 바른 믿음 지닌 보살들이 있음을 다 보시고 다 아신다는 것이다. 그리고 이 모든 보살들은 이미 갖가지 관념들로부터 자유로운 수행력을 갖추었고, 부처님의 가르침이니 아니니 하는 분별마저도 넘어섰다는 것이다. 『대승기신론』의 신불(信佛有無量功德)과 통하는 대목이다.

마지막으로 중요한 말씀을 하셨다. 강을 건넌 사람이 뗏목을 두고 가듯, 부처님의 가르침을 깨달은 사람은 깨닫기 위해 필요로 했던 이론(法)에 더 이상 매이지 않는다. 만약 교리만을 외우며 옳으니 그르니 따지는 사람은 아직 깨닫지 못한 것이다. 그리고 이 경지에 이른 사람은 손익계산으로 시시비비하는 세속의 일(非法) 따위에는 결코 관여하지 않는다는 점까지 밝혀 놓으셨다.

無得無說分 第七
무 득 무 설 분 제 7

얻을 수도 설명할 수도 없다

▲ 이 부처님의 법문을 듣고 미소 지을 수 있는가 – 2006년
인도 성지순례 시에 인연된 불화–델리대학 교수 작품 –
개화사 설법전 소장

須菩提 於意云何 如來得阿耨多羅三
藐三菩提耶 如來有所說法耶 須菩提
言 如我解佛所說義 無有定法名阿耨
多羅三藐三菩提 亦無有定法如來可
說 何以故 如來所說法 皆不可取 不
可說 非法 非非法 所以者何 一切賢
聖 皆以無爲法 而有差別

"수보리여, 그대는 어떻게 생각하느냐?
여래가 '가장 높고 바르며 원만한 깨달음'
을 얻었느냐? 여래가 진리(法)에 대해 설
명한 바가 있느냐?"
수보리가 말씀드렸다. "제가 부처님께서
설명하신 뜻을 이해하기로는 '가장 높고

바르며 원만한 깨달음'이라고 표현할 만한 고정된 진리가 없으며, 또한 여래께서 말씀하셨다고 할 고정된 진리도 없습니다. 왜냐하면, 여래께서 말씀하셨다는 진리는 어느 것이나 가질 수도 없으며 설명할 수도 없기 때문입니다. 그것은 진리도 아니며 진리 아닌 것도 아닙니다. 왜냐하면, 현인(賢人)이나 성인(聖人)들은 모두 깨달음으로 인한 다른 표현이기 때문입니다."

제6분은 가장 높고 바르며 원만한 깨달음에 대한 얘기이다.

우리는 흔히 '깨달음을 얻는다'는 표현을 자주 한다. 요즘은 표현을 넘어 스스로 깨달음을 얻었다고 주장하는 이들도 엄청 많아졌고, 그 깨달음이라는 것이 어떻다고 포장해서 말하는 이들까지도 적지 않다. 심지어 깨달음이라는 것을 상품화하여 1단계 깨달음이니 2단계 깨달음이니 하며 수제명품 팔듯이 하는 이들도 생겼다. 이제 인조 다이아몬드처럼 양산되는 사이비 깨달음이라는 상품을 보게 된 것이다. 하지만 먼 훗날 정말 깊은 수행을 할 기회를 갖고 지금보다 나은 경지에 이른다면, 자신이 얼마나 우스운 짓을 하였는지를 알게 될 것이다.

부처님께서 수보리존자에게 던지신 질문은

참으로 심오하다. "내가 깨달음을 얻었느냐? 내가 진리를 설명했느냐?"

다행히 질문을 받은 이가 수보리존자였다. 반야(般若)를 발현하기 위해 반드시 터득해야 하는 이치가 공(空)인데, 공(空)의 이치를 깨달아 해공제일(解空第一) 즉 공(空)에 대해서 가장 잘 아는 제자가 수보리존자인 것이다. 그렇기 때문에 반야지혜를 갖춘 수보리존자는 곧바로 "부처님의 깨달음이라고 할 고정된 진리가 없으며, 여래께서 말씀하셨다고 할 고정된 진리도 없습니다."라고 답하였다. 『금강경』을 공부하는 이들이 혼란스러워 하는 것이 바로 이런 부분이다. 그래서 이렇게 질문을 한다. "부처님은 분명 깨달으신 분이라는 뜻이고 경전은 부처님께서 그 깨달음을 설명한 것이라고 알고 있는데, 깨달음이라고 할 진리도 없고 설명한 진리도 없다니 이게 무슨 말장난입니까?" 사실 수행을 깊게 하여 범부의 한계를 넘어선 경지가 아니라면 이렇게 묻는 것이 당연할 것이다.

교(敎)와 교학(敎學)을 동일시하는 경우를 흔히 본다. 그러나 교(敎)는 배우는 대상이 아니라 알아들어야 할 말씀이며 나아가야 할 길이다. 교에서 가리키고 있는 자리는 이론적으로 분석하고 종합하는 등의 학문으로 도달할 수 있는 곳이 아니다. 그래서 수행해야만 교를 알아듣는다고 한다. 이 안목을 '경전의 진실을 보는 지혜의 눈'인 경안(經眼)이라고 하는 것이다. 다시 말해 그 말씀을 알아들으려면 삼매의 상태라야 한다. 휴정(休靜)선사께서는 『선교결(禪敎訣)』에서 "교(敎)는 말로써 말 없는 곳에 이르게 하고, 선(禪)은 말 없는 것으로써 말 없는 곳에 이르게 한다."고 하셨다. 아주 적절한 말씀이시다. '여기서 말 없는 곳'이라는 것이 의미하는 바가 깊다. 바로 언어로 이해될 수 없고 남에게서 얻을 수도 없는 경지인 '깨달음'이라는 뜻이다. 수보리존자도 서산대사와 같은 말씀을 하셨다. "여래께서 말씀하셨다는 진리는 어느 것이나 가질 수도 없으며 설명할 수도 없기 때문입니다." 요약하면 '깨달음'은 물건처럼 전해 주고 전해 받을 수 없는 것이며, 이론으로 도달할 수 있는 자리가 아니라는 뜻이다.

수보리존자의 마지막 설명은 오묘하다. "부처님의 깨달음과 깨달으신 법(法)은 진리도 아니며 진리 아닌 것도 아니다." 왜 그럴까? 깨닫지 못한 사람에게는 체험치 못했으니 없는 것이며, 깨달음에 이른 이에게는 체험한 것이니 없는 것이 아니다. 그리고 성문·연각·보살 등 성현의 호칭도 다만 경지에 따라 붙인 임시적인 이름일 뿐이지, 그런 고정된 깨달음이 있다는 뜻은 아니다.

결론적으로 깨달음은 밖에서 얻을 수도 없고 깨닫기 전에는 이해할 수도 없으니, 목숨 걸고 수행하여 깨달아야 한다.

依法出生分 第八
의 법 출 생 분 제 8

가르침을 따르면 깨닫는다

▲ 부처님의 가르침이 세상에 없었더라면 이곳은 불자들
과 아무런 관계도 없었을 것이다. 부처님의 첫 설법지
인 녹야원. 법왕(法王)의 탑이라는 뜻의 다르마라지카 스
투파(Dharmarājika Stupa) 기단부에서 다메크 스투파
(Dhamekh Stupa)를 바라봄. – 2017년 2월 15일 촬영

須菩提 於意云何 若人 滿三千大千
世界七寶 以用布施 是人 所得福德
寧爲多不 須菩提言 甚多世尊 何以
故 是福德 卽非福德性 是故 如來說
福德多 佛告須菩提 若復有人 於此
經中 受持乃至四句偈等 爲他人說
其福勝彼 何以故 須菩提 一切諸佛
及諸佛阿耨多羅三藐三菩提法 皆從
此經出 須菩提 所謂佛法者 卽非佛
法 是名佛法

"수보리여, 그대는 어떻게 생각하느냐? 만일 어떤 사람이 삼천대천세계에 가득 찬 칠보를 이용하여 보시한다면, 이 사람이 얻게 되는 복과 덕이 어찌 많지 않겠느냐?"

수보리가 말씀드렸다. "매우 많습니다. 세존이시여. 왜냐하면, 이 '복덕'이라는 것은 곧 복덕의 성품 아닌 것을 말씀하셨기 때문입니다. 이런 까닭에 여래께서는 복덕이 많다고 말씀하십니다."

부처님께서 수보리에게 말씀하셨다. "만약 또 어떤 사람이 이 금강경 가운데서 사구게 등을 수지(受持)하거나 혹은 타인을 위해 설명한다면, 그 복이 삼천대천세계에 가득 찬 칠보로써 보시한 것보다 나을 것이다. 왜냐하면 수보리여, 모든 부처님들과 모든 부처님들의 가장 높고 바르며 원만한 깨달음의 진리가 모두 이 경으로부터 나온 것이기 때문이니라. 수보리여, 부처님의 진리라고 말한 것은 곧 부처님의 진리 아닌 것을 말함이며 그 표현이 부처님의 진리인 것이니라."

◆

제8분은 바른 법을 따르는 공덕을 말하고 있는데, 단순히 물질적 도움을 베푸는 재시(財施)와 수행하여 깨닫는 정법을 따르고 타인을 가르쳐 주는 법시(法施)를 비교하여 설명했다. 물질적으로 사람들을 돕는 복덕도 뛰어나긴 하지만, 자신도 깨닫고 다른 사람도 깨닫게 하여 모두 괴로움으로부터 완전히 벗어나는 것과는 비교가 되진 않는다. 그래서 깨달음의 길을 다시 강조하고 있다.

80년대만 해도 수행해서 깨달으라고 하면 "저희들이 어찌 깨닫겠습니까. 스님 장삼만 붙들고 가겠습니다."라고 답하는 불자들이 많았다. 그런 불자들은 전국의 불사에 동참하며 재물보시에는 적극적이었다. 그런데 재물보시가 때로는 문제를 일으켰다. 공덕비를 세워주지 않는다고 스님을 비난하기도 했고, 또 어떤 경우는 대부분의 불사를 자기가 했으니 창건주가 되어야겠다고 스님과 소송을 벌이기도 했다. 큰 무형의 복덕이 아닌 작은 유형의 복덕을 차지하려고 했기에 벌어진 일이다.

지금 제8분의 물질적 보시는 우주를 초월한다. '삼천대천세계'란 우리가 알고 있는 태양계의 10억 배에 해당된다. 그 모든 태양계를 가득 채우는 일곱 가지 보배로 세상을 위해 베푼다면 그 복덕이야 어찌 상상할 수 있겠는가. 그런데 한 가지는 상상이 된다. 깨닫지 못한 이가 그와 같은 일을 했다면 그만큼 아상(我相)과 아만(我慢)도 커진다는 점이다. 절 하나를 지어 놓고도 그로 인한 아만이 수많은 사람들을 괴롭히고 또한 자신도 괴롭히는데, 하물며 우주적 규모의 재산을 베풀었다면 어떻겠는가. 그러니 큰 복덕이 되려면 그냥 기쁘게 베풀고 곧바로 잊어야 한다.

　부처님께서 이 엄청난 재물보시를 말씀하신 것은 바로 뒤에 설명하신 '반야바라밀'의 '수지(受持)'와 '위타인설(爲他人說)'을 강조하시기 위함이다. '수지(受持)'는 단순히 금강경을 받아 지니는 것이 아니라, 흔들리지 않는 믿음으로 가르침을 마음에 간직하여 분명히 알고(受) 실천하여 깨닫는 것(持)을 뜻한다. 다시 말해 자신의 깨달음이다. '위타인설(爲他人說)'은 스스로 수행하여 깨달은 것을 다른 사람들에게 바르게 전해 주어 깨닫도록 도와주는 것이니, 이타적(利他的) 자비인 보살행을 가리킨다.

　역사를 보면 영웅이라 일컬어지는 이들이 엄청난 제국을 만들긴 했지만 그만큼 엄청난 사람이 고통을 받았고, 또한 그 제국들도 모두 무너져 과거 속으로 사라졌다. 반면에 싯다르타는 제국의 건설이 아닌 '반야바라밀'의 수행과 깨달음으로 부처님이 되신 것이며, 그의 가르침은 2500여 년이 지나도록 세상에 전해지면서 수많은 이들이 보살행을 실천하고 있다. 어느 길이 더 훌륭한지는 너무나 분명하다.

마지막 구절은 오늘날 불교공부를 하는 이들에게 절대적으로 필요한 말씀이다. "부처님의 진리라고 말한 것은(所爲佛法者) 곧 부처님의 진리 아닌 것을 말함이며(卽非佛法) 그 표현이 부처님의 진리인 것이니라(是名不法)." 이는 경(經)과 논서(論書) 그리고 선어록(禪語錄)의 구절 등을 외우며 스스로 깨달았다고 착각하거나 자랑하지 말라는 뜻이다. 녹음기는 종일『금강경』을 되풀이해도 맛을 모르고 깨닫지 못한다. 그러니 많이 본 것과 많이 기억하는 것은 가짜다. 직접 행하고 깨달아야 한다.

一相無相分 第九
일 상 무 상 분 제 9

깨달음에는 자취가 없다

▲ 당당하신 부처님, 2세기 간다라지방, 인도 델리국립박물
관 소장. ─ 2017년 2월 23일 촬영.

須菩提 於意云何 須陁洹 能作是念
我得須陁洹果不 須菩提言 不也世尊
何以故 須陁洹 名爲入流 而無所入
不入色聲香味觸法 是名須陁洹 須菩
提 於意云何 斯陁含 能作是念 我得
斯陁含果不 須菩提言 不也世尊 何
以故 斯陀含 名一往來 而實無往來
是名斯陁含 須菩提 於意云何 阿那
含 能作是念 我得阿那含果不 須菩
提言 不也世尊 何以故 阿那含 名爲
不來 而實無不來 是故 名阿那含 須
菩提 於意云何 阿羅漢 能作是念 我
得阿羅漢道不 須菩提言 不也世尊
何以故 實無有法名阿羅漢 世尊 若

阿羅漢 作是念 我得阿羅漢道 卽爲
着我人衆生壽者 世尊 佛說我得無諍
三昧人中 最爲第一 是第一離欲阿羅
漢 世尊 我不作是念 我是離欲阿羅
漢 世尊 我若作是念 我得阿羅漢道
世尊則不說 須菩提 是樂阿蘭那行者
以須菩提實無所行 而名須菩提是樂
阿蘭那行

"수보리여, 그대는 어떻게 생각하느냐.
'수다원'의 경지에 이른 사람이 '나는 수
다원과를 얻었다'고 생각하겠느냐?"
수보리가 말씀드렸다. "아닙니다. 세존
이시여. 왜냐하면 '수다원'이라는 명칭이

'성자의 경지에 들어간 사람'이라는 뜻이
지만, 그러나 들어간 곳이 없으며, 모양·
소리·향기·맛·감촉·이치에 빠져들지
않으므로 그 명칭을 '수다원'이라 하기 때
문입니다"

"수보리여, 그대는 어떻게 생각하느냐.
'사다함'의 경지에 이른 사람이 '나는 사
다함과를 얻었다'고 생각하겠느냐?"

수보리가 말씀드렸다. "아닙니다. 세존
이시여. 왜냐하면 '사다함'이라는 명칭이
'한 번만 왔다 갈(한 번만 윤회할) 사람'이
라는 뜻이지만, 그러나 실제로는 왔다 간
다는 생각이 없으므로 그 명칭을 '사다함'
이라 하기 때문입니다."

"수보리여, 그대는 어떻게 생각하느냐. '아나함'의 경지에 이른 사람이 '나는 아나함과를 얻었다'고 생각하겠느냐?"

수보리가 말씀드렸다. "아닙니다. 세존이시여. 왜냐하면 '아나함'이라는 명칭이 '다시는 오지 않을 사람(윤회를 끝낸 사람)'이라는 뜻이 되지만, 그러나 실제로는 다시 오지 않는다는 생각이 없기 때문입니다. 이런 까닭에 '아나함'이라고 표현합니다."

"수보리여, 그대는 어떻게 생각하느냐. '아라한'의 위치에 도달한 사람이 '나는 아라한의 도를 얻었다'고 생각하겠느냐?"

수보리가 말씀드렸다. "아닙니다. 세존이시여. 왜냐하면 진실로 존재에 대한 걸림이 남아 있지 않은 이를 '아라한'이라고 표현하기 때문입니다. 세존이시여, 만약 '아라한'이 '나는 아라한의 도를 얻었다'고 생각한다면 곧 나·사람·중생·목숨에 집착하는 것이 됩니다. 세존이시여, 부처님께서 말씀하시기를 '수보리가 다툼 없는 삼매를 얻은 사람 중에서 가장 으뜸이 되므로, 욕망을 떠난 첫째가는 아라한이다'라고 하시지만, 세존이시여, 제 스스로는 '나는 욕망을 떠난 아라한이다'라는 생각을 하지 않습니다. 세존이시여, 제가 만약 '나는 아라한의 도를 얻었다'고 생각한다면, 세존께서 '수보리는 평화로운 삶을 즐기는 사람이다'고 말씀하시지 않으셨겠지만, 그러나 수보리가 실제로 그렇게 생각하지 않았으므로 '수보리는 평화로운 삶을 즐긴다'고 하셨습니다."

제9분은 깨달음의 경지에 대한 허상을 깨뜨리고, 그 허상에 대한 집착을 끊게 하려는 가르침이다.

위의 문답에 등장하는 네 가지 명칭은 초기불교와 부파불교에서 설명되던 수행자의 네 가지 경지에 대한 것이다. 이런 단계를 둔 것은 깨달음에 이르기까지의 수행이 엄청나게 어렵고 긴 코스의 철인경기와 흡사하기 때문에, 사이사이 잠시 쉬게 한 후 재도약시키기 위해서이다. 단거리나 중거리 경주는 빠르고 느리고의 차이는 있을지언정 대부분 끝까지 완주를 한다. 장거리 경주는 비록 선수라고 할지라도 형편에 따라 포기하는 사람이 나올 수 있다. 만약 철인3종경기라면 어떨까? 이 경기에 참석하는 선수들은 평소에 엄청난 연습을 한 후에 경기에 임한다. 그러나 결국 그 어려움 때문에 포기하는 이가 속출하는 것이다.

수행에도 그 목표지점이 다른 여러 종류의 수행이 있다. 잠시 휴식을 위한 수행도 있고, 정신적인 문제를 치유할 목적의 수행도 있으며, 영적체험을 위한 수행도 있다. 이런 수행은 어느 정도의 노력이면 그 목적을 이룰 수 있다. 그러나 만약 부처님과 같은 깨달음을 목표로 하는 수행이라면 어떨까? 이는 훈련되지 않은 이가 철인3종경기에 임하는 것과 같다. 비록 굳은 결심으로 수행의 길에 들어선 사람이라고 해도 처음엔 수행방법을 잘 모를뿐더러 난관을 극복하는 훈련도 하지 않았기에 대단히 어렵다. 결국 이 수행은 훈련이면서 동시에 경기인 셈이다. 그래서 대부분 중도 포기를 하게 된다.

부처님처럼 깨닫고자 어려운 결심을 한 출가자들이지만 40년쯤 지나고 나면 8할 정도는 사라지고 보이질 않는다. 남은 2할의 수행자 가운데도 큰 깨달음은 포기한 채 작은 체험과 경지에 만족해 사는 경우가 많다. 어떤 도시에 가고자 고속도로를 달리는 사람은, 휴게소를 목적지로 착각하지 않는다. 비록 마지막 톨게이트를 통과한 사람일지라도 목적지에 도달했다고 멈추지 않는다. 통과가 목적은 아니었기 때문이다. 큰 깨달음을 목적으로 한 이는 결코 작은 체험이나 낮은 경지에 만족해 멈추지 않는다.

깨달은 사람은 자기가 도달한 경지를 자랑하지 않는다. 다만 스스로가 늘 평화롭고 자유로우며, 지혜와 자비로 조화롭게 살 뿐이다.

莊嚴淨土分 第十
장 엄 정 토 분 제 10

불국토 건설(장엄)은 건설이 아니다

▲ 불국정토를 열어 보이신 부처님 – 2~3세기 간다라불상.
인도 델리국립박물관 소장

佛告須菩提 於意云何 如來 昔在燃
燈佛所 於法有所得不 不也世尊 如
來在燃燈佛所 於法實無所得 須菩提
於意云何 菩薩 莊嚴佛土不 不也世
尊 何以故 莊嚴佛土者 則非莊嚴 是
名莊嚴 是故 須菩提 諸菩薩摩訶薩
應如是生清淨心 不應住色生心 不應
住聲香味觸法生心 應無所住 而生其
心 須菩提 譬如有人 身如須彌山王
於意云何 是身爲大不 須菩提言 甚
大世尊 何以故 佛說大身 卽非大身
是名大身

부처님께서 수보리에게 말씀하셨다. "그

대의 생각에는 어떠한가? 여래가 옛날 연
등불 처소에 있을 때 진리에 대해 얻은 것
이 있겠느냐?"

"아니옵니다. 세존이시여. 여래께서 연등
불 처소에 계실 때, 진리에 대해 얻은 것이
실제로는 없습니다."

"수보리여, 그대의 생각에는 어떠한가?
보살이 부처님의 나라를 건설(장엄)하느
냐?"

"아니옵니다. 세존이시여. 왜냐하면 부처
님의 나라를 건설한다고 함은 곧 건설 아
닌 것을 말씀하심이며, 그 표현이 건설한
다는 것이기 때문입니다."

"이런 까닭에 수보리여, 모든 위대한 보

살들은 당연히 이렇게 청정한 마음을 일으켜야 하느니라. 마땅히 모양에 집착하지 말고 마음을 일으켜야 하며, 마땅히 소리·향기·맛·감촉·이치에 집착하지 않는 마음을 일으켜야 하느니라. (요약해서 말하자면) 마땅히 집착함이 없이 청정한 마음을 내어야 하는 것이니라(應無所住而生其心). 수보리여, 비유컨대 어떤 사람의 몸이 수미산왕과 같다면, 그대의 뜻에는 어떠한가? 이 몸이 크다고 하겠는가?"

수보리가 말씀드렸다. "매우 큽니다. 세존이시여. 왜냐하면 부처님께서 큰 몸이라고 하신 것은 곧 큰 몸 아닌 것을 말씀함이오며, 그 표현이 큰 몸이기 때문입니다."

제10분은 어떻게 청정한 마음을 펼쳐 불국정토를 이루는가에 대한 말씀이다.

첫 번째 말씀은 진리(法)라는 것이 전해줄 수 있고 받을 수 있는 것이냐에 대한 것이다. 이에 대해 석존은 자신의 전생에 있었던 연등불의 수기(授記-성불 예언)에서 특별한 비법을 받았겠냐고 수보리에게 질문하셨고, 수보리존자는 주고받을 비법 따위는 없다고 말씀드렸다.

불가(佛家)에서는 지금도 인가(印可)를 강조한다. 이는 수많은 폐단을 없애기 위한 선지식의 점검절차이다. 그런데 어떤 이들은 이 인가(印可)를 통해 무언가를 주고받는 것처럼 생각한다. 이 부질없음을 경허선사께서는 오도가(悟道歌)에서 시원하게 갈파하셨다. "툭 터져 사방을 살펴보니 사람이니 진리니 할 것이 없구나.

누가 깨달음의 징표인 가사와 발우를 주고받는 단 말인가!"

두 번째는 보살이 불국정토를 건설(장엄)하느냐고 물으셨다. 이에 수보리존자는 "그것은 일반적인 건설을 말한 것이 아니라 가리킨 바가 따로 있습니다. 그것을 알게 하려고 불국토 건설이라는 표현을 하는 것입니다."라고 답했다. 경전에는 수행자가 원력을 세우고 수행하여 성불할 때 여러 정토들이 이루어진 것이라고 설명했다. 극락정토도 법장비구가 48대원을 세워 수행한 뒤 아미타불이 되실 때 이루어진 불국토이다. 그렇다면 그 정토들은 공간적 세계를 뜻하는 것일까? 불교학생회 시절 나의 원은 대한민국이 불교국가가 되는 불국정토 건설이었다. 출가해 수행하면서 그것이 옳은 불국정토가 아님을 깨닫게 되었다. 불국정토는 모양이 없다. 그렇기 때문에 육체의 눈으로는 보이지 않는 세계이다. 물론 이 드넓은 우주에 새로운 정토를 만들 수 있다고도 생각할 수 있지만, 그런 공상과학적인 발상은 부처님의 뜻에서 완전히 벗어난 것이다.

세 번째는 불국정토 건설의 바른 방법에 대한 말씀이다. 불국정토 건설의 가장 좋은 방법은 '마땅히 집착함이 없이 청정한 마음을 내는 것(應無所住 而生其心)'이다. 육조 혜능선사도 이것을 듣고 최후의 깨달음에 이르렀다는 유명한 구절이다. 그래서인지 누구나 이 구절을 쉽게 인용하고 멋대로 해석한다. 여전히 화내고 욕하며 세상을 비난하면서 자신의 분별 집착하는 인식작용을 '그 마음'이라고 강변한다. 하지만 '그 마음'은 차별이 없고 취사선택하지 않는 거울 같은 마음이라야 한다. 그렇게 된 사람은 환경·조건·상황 등 밖의 어떤 것으로 인해 괴로워하지 않는다. 그렇게 되었을 때 비로소 자신의 청정불토를 회복한 것이며, 이를 불국정토 건설이라고 하는 것이다.

마지막으로 위대한 사람을 수미산왕(우주를 상징)에 견주어 그 몸이 크냐고 물으셨다. 수보리 존자는 그 비유가 외형적 크기를 뜻한 것이 아니기 때문에 매우 크다고 답했다. 외적 지위나 재산의 규모 등으로 위대한 사람이 되는 것이 아니라, 자기의 청정심을 회복하여 자유자재한 사람이 가장 위대하다는 가르침이다. 누구라도 항상 편안하고 자유로운 사람이 된다면, 그래서 어떤 불만도 없게 된다면 그가 곧 우주의 주인이며 가장 위대한 사람이다.

無爲福勝分 第十一
무 위 복 승 분 제 11

깨닫는 것이 으뜸가는 복이다

▲ 인도 바이샬리에 있는 대림정사 성지. 부처님께서 많은 설법을 하신 곳이며 최초로 여성 출가를 허락하신 곳이다. 아소카대왕은 이곳을 참배하고 불탑과 석주(石柱)를 세워서 부처님의 가르침을 널리 알리고자 했다.

須菩提 如恒河中所有沙數 如是沙等
恒河 於意云何 是諸恒何沙 寧爲多
不 須菩提言 甚多世尊 但諸恒河 尙
多無數 何況其沙 須菩提 我今實言
告汝 若有善男子善女人 以七寶滿爾
所恒河沙數三千大千世界 以用布施
得福多不 須菩提言 甚多世尊 佛告
須菩提 若善男子善女人 於此經中
乃至受持四句偈等 爲他人說 而此福
德 勝前福德

"수보리여, 갠지스강에 있는 모래알 수와 같이, 이 모래알 수와 같은 갠지스강이 있다면, 그대의 생각에는 어떠한가? 이 모든 갠지스강의 모래알이 어찌 많지 않겠느냐?"

수보리가 말씀드렸다. "매우 많습니다. 세존이시여. 다만(갠지스강 모래알 수만큼의) 모든 갠지스강이라 해도 오히려 많아서 헤아릴 수 없는데, 하물며 (모든 강의) 그 모래알이겠습니까."

"수보리여, 내가 이제 진실한 말로써 그대에게 이르노니, 만일 자질이 뛰어난 남자(善男子)나 여인(善女人)이 저 갠지스 강의 모래알 수만큼의 삼천대천세계에 가득 찬 칠보로써 베푼다면 얻는 복이 많지 않겠느냐?"

수보리가 말씀드렸다. "매우 많습니다. 세존이시여."

부처님께서 수보리에게 말씀하셨다. "만약 자질이 뛰어난 남자나 여인이 이 경 가운데에서 사구게송 등이라도 받아 지니고 다른 사람에게 설명해 준다면, 이 복덕은 (칠보로 보시했던) 앞의 복덕보다 훨씬 뛰어난 것이니라."

제11분은 깨달음의 길을 가는 보살의 삶이 가장 뛰어난 것임을 밝힌 말씀이다.

사람들은 언제나 복된 삶을 꿈꾼다. 사람들이 무언가 끝없이 도전하는 것은 결국 행복한 삶을 위해서이다. 다시 말해 더 많은 돈이나 더 높은 자리 또는 명예를 얻으려 하는 것도 아직 행복하지 못하기 때문인 것이다. 정말 행복한 사람이라면 세계 최고의 부자나 막강한 나라의 대통령을 부러워하지 않는다.

사람들의 욕망은 끝이 없기에 부처님께서는 그것을 나타내기 위해서 먼저 상상을 초월하는 예를 들어 말씀하셨다. 우주를 채울 정도의 보석을 소유한 부자가 자신의 모든 보석을 세상 사람들을 위해 베푼다면 그 복이 얼마나 많겠느냐고 물으셨다. 다시 말해 그가 얼마나 행복해

하겠느냐고 질문하신 것이다. 세계적으로 그 이름을 남긴 재산기부자들이 있다. 그들의 선행은 누가 강요해서 한 일이 아니라, 자신의 기쁨을 위해서였다. 그들이 자신의 기쁨을 위해서 그렇게 했다고 하더라도 다른 사람들이 따라 하기 어려운 것임에 틀림없다. 그러니 부처님께서 예를 드신 베풂을 한 이의 복은 어떻겠는가. 그래서 수보리존자도 그 복이 매우 많다고 답한 것이다.

부처님께서 상상을 불허하는 비유를 드신 것은 뒤의 짧은 구절을 위한 장치이다. 즉 '여래의 가르침(진리)을 깨달아 자신도 해탈하고, 그 가르침을 잘 설파하여 다른 사람을 해탈시키는 사람의 복덕이 가장 위대하다'는 것이 부처님께서 말씀하시고자 한 핵심인 것이다. 여기 좋은 예가 있다.

인도의 성왕(聖王)으로 추앙받는 아소카대왕

(Asoka, BC 3세기)은 남인도 일부를 제외한 최초의 통일국가를 만든 인물로 그의 정치·경제·문화·복지정책은 타의 추종을 불허했다. 하지만 그도 처음부터 그랬던 것은 아니다. 인도를 통일하기 위해 벌인 전쟁으로 수십만 명이 희생되는 참사를 직접 전장에서 목격한 그는 무력에 의한 정복정책을 버리고 부처님의 가르침에 의한 나라를 만들기로 결심했다. 그로부터 그의 모든 정책은 완전히 바뀌었다. 십년에 걸쳐 불경을 모으고 성지를 순례하며 불탑과 석주(石柱)를 세워 부처님의 가르침이 얼마나 위대한지를 백성들에게 알렸으며, 자신의 자녀를 출가시켜 스리랑카에 전법(傳法)을 하라고 보냈다. 뿐만 아니라 외교관계에 있는 모든 국가에 고승을 파견하여 부처님의 가르침을 널리 알렸다. 모든 백성들이 혜택을 받는 복지정책을 펼치면서 아울러 부처님의 가르침으로 그 마음까

지 해탈시키려고 노력한 아소카대왕이야말로, 참된 구도자의 모습이면서 동시에 아름다운 지도자의 모습이었다. 그는 보살이었다.

싯다르타 이전이나 동시대에도 수많은 수행자들이 있었다. 싯다르타보다 더 철저한 윤리주의자도 있었고, 더 청빈하게 산 수행자도 많았으며, 국왕의 스승 노릇을 한 수행자도 많았다. 그러나 스스로 깨달음에 도달하지 못했기에 사람들로 하여금 영혼이 깨어 있도록 하지 못했다. 모든 얽매임(苦)으로부터 해탈할 때만 영혼은 항상 깨어 있게 되는 것이다. 세상이 고(苦)라고 말하는 이는 아직 영혼이 깨어 있지 못하다는 뜻이다.

정말 행복하고 자유롭길 바란다면 깨달아야 한다. 깨달음을 모르는 사람이 깨달음이 중요하지 않다고 말해선 안 된다. 싯다르타의 깨달음이 없었다면 불교는 존재하지도 않았다.

尊重正教分 第十二

존 중 정 교 분 제 12

바른 가르침은 존중된다

▲ 다람살라 남갈사원에서 있었던 한국불자를 위한 달라이
라마존자님의 5일간 특별법회에 참석한 전 세계 불자들
5000명 중 일부 – 2006년 8월 15일 촬영

復次須菩提 隨說是經 乃至四句偈等
當知此處 一切世間天人阿修羅 皆應
供養如佛塔廟 何況有人 盡能受持讀
誦 須菩提 當知是人成就最上第一希
有之法 若是經典所在之處 則爲有佛
若尊重弟子

"다시 또 수보리여, 이 경이나 혹은 사구게 등이라도 다른 사람을 위해 설명해 준다면, 마땅히 알아야 한다. 이런 사람이 있는 곳은 반드시 모든 세상의 천신·사람·아수라가 모두 부처님의 사리탑과 같이 공양할 것이니, 어찌 하물며 어떤 사람이 이 경을 남김없이 받아 지니고 독송함이겠느냐?

수보리여, 마땅히 알아야 한다. 이 사람은 가장 높고 으뜸가는 놀라운 경지를 성취할 것이니라. 만약 이 경전이 있는 곳이라면 곧 부처님이 계신 것과 같으며 또 부처님의 존중받는 제자가 있는 것과 같으니라."

제12분은 바른 가르침을 따르는 공덕을 설명했다.

'모든 것이 수행이며 도이다.'라는 말을 들으면, 대개 '그렇지, 내가 이렇게 사는 것도 수행이고 도이지.'라고 생각하는 경우를 많이 봐 왔다. 하지만 그 말은 해탈한 사람들의 경지이지 자기 욕망에 끌려다니는 어리석은 사람들의 삶을 뜻하는 것이 아니다. 또한 수행이라고 하면 삭발하고 절에서 정진하는 것을 생각하는 경우가 많은데, 밖에서도 바른 길만 간다면 그의 삶은 수행이 될 수 있다. 신체적인 출가는 깨달음에 이르는 매우 좋은 방법이지만, 그것만이 유일한 방법은 아니다. 마음의 출가가 가능하다면 몸 출가를 하지 않더라도 해탈에 이를 수 있다. 하지만 수많은 관계에 얽매여 있는 상황에서 마음의 출가가 결코 쉽지 않다. 그래도 진심으로 부처님의 가르침을 믿고 그대로 실천하면 마음의 출가가 가능하며, 이윽고 해탈에 이르게 된다.

세상에는 수많은 사람이 있고 제각기 수많은 생각을 하고 있기에, 그로 인해 전개되는 삶의 형태는 헤아릴 수 없이 많다. 그 각양각색의 삶의 형태로 사람들은 제각기 행복의 길을 추구한다. 태어날 때부터 행복에 이르는 최선의 길을 알고 있다면 오로지 그 길을 가면 되겠지만, 그 길을 알고 태어나는 사람은 없다. 그래서 무수한 시행착오를 거치면서 행복을 추구하는 것이다. 수많은 시행착오를 거치다 보면 지치게 되는데, 이때부터 자신을 구원해 줄 가르침을 찾게 된다.

석가모니부처님께서 세상에 계실 때에도 '불교 외의 많은 가르침(外道)'이 있었다. 보이는 모양만으로는 불교수행자들보다 훨씬 철저하고 청빈한 수행집단처럼 보이는 단체도 많았다. 하지만 그 단체의 가르침은 대부분 지금을 즐기라거나 아니면 다음 생의 복락을 위해 현생을 희생하라는 것이었고, 진정한 해탈로 가는 가르침이 아니었다. 그래서 대표적인 외도였던 우루벨라가섭, 나제가섭, 가야가섭의 삼형제와 사리푸트라(사리불), 목갈라나(목건련) 등의 많은 이들이 석존의 제자가 되어 정법(正法)의 수행을 하였다.

세상에는 많은 가르침이 있으나 끝까지 바른 것은 매우 드물다. 하지만 부처님의 가르침은 언제 어디서나 정확하게만 알고 실천한다면 절대로 실망시키지 않는다.

부처님께서 왕위를 버리신 후 깨달음을 성취하시고는 다시 왕궁으로 돌아가지 않으셨던 이유는 명백하다. 절대왕권으로는 불가능했던 자유와 행복이 깨달음 이후에 가능했기 때문이다. 그래서 부처님께서는 모든 이들에게 그 방법을 가르쳐 주시고자 한 것이다. 바로 그 방법에 대한 가르침이 이 『금강경』에 담겨 있는데, 가장 대표적인 것이 보살의 자리이타행(自利利他行)인 육바라밀이다. 베푸는 삶(보시)·자유자재한 삶(지계)·포용하는 삶(인욕)·끝없이 노력하는 삶(정진)·늘 맑은 마음으로 사는 삶(선정)·환하게 깨어있는 삶(반야)은 자신과 세상을 동시에 이익 되게 하는 바른 가르침이며 바른 길이다.

대부분의 사람들은 끝없이 밖을 향해 허상을 좇았기 때문에 자신의 진짜 모습이 얼마나 존귀한 존재인지를 모른다. 만약 부처님의 가르침을 마음으로 받아들이면 부처님처럼 살려고 노력할 것이고, 그렇게 살면서 이윽고 그 모든 것을 깨달으면 곧 존귀한 본래의 모습을 되찾게 된다. 이 경지에 이르면 어떤 모습으로 살더라도 그를 만나는 사람은 모두 존중심을 갖게 될 것이다. 그리고 이것을 가능케 하는 시발점이 가장 바른 가르침인 부처님의 말씀(經)이다. 그래서 바른 가르침인 말씀(經)과 그 말씀을 생활화하는 이가 가장 존중되는 것이다.

如法受持分 第十三
여 법 수 지 분 제 13

부처님처럼 깨닫고 전법하라

▲ 아무리 장엄한 불상도 부서진다. 하지만 진짜 부처는 부서지지 않는다. 반야가 어두워진다면 반야가 아니다. 반야는 어두워지지 않는다. – 중국 북위시대(386~534)의 불상

爾時 須菩提白佛言 世尊 當何名此
經 我等云何奉持 佛告須菩提 是經
名爲金剛般若波羅蜜 以是名字 汝當
奉持 所以者何 須菩提 佛說般若波
羅蜜 則非般若波羅蜜 是名般若波羅
蜜 須菩提 於意云何 如來有所說法
不 須菩提白佛言 世尊 如來無所說
須菩提 於意云何 三千大千世界 所
有微塵 是爲多不 須菩提言 甚多世
尊 須菩提 諸微塵 如來說非微塵 是
名微塵 如來說世界 非世界 是名世
界 須菩提 於意云何 可以三十二相
見如來不 不也世尊 不可以三十二相
得見如來 何以故 如來說三十二相

卽是非相 是名三十二相 須菩提 若
有善男子善女人 以恒河沙等身命布
施 若復有人 於此經中 乃至受持四
句偈等 爲他人說 其福甚多

그때에 수보리가 부처님께 여쭈었다. "세
존이시여, 이 경의 이름은 무엇이라 해야
알맞으며, 저희들은 어떻게 받들어 지녀
야 하옵니까?" 부처님께서 수보리에게
말씀하셨다. "이 경의 이름은 금강반야바
라밀이 되니, 이 이름으로써 그대들은 받
들어 지녀야 하느니라. 무슨 까닭이겠느
냐? 수보리여, 부처가 설명한 반야바라밀
은 곧 반야바라밀이 아니라 그 표현이 반

야바라밀이기 때문이니라. 수보리여, 그대의 생각에는 어떠한가? 여래가 진리를 설명한 일이 있는가?" 수보리가 부처님께 말씀드렸다. "세존이시여, 여래께서는 진리를 설명한 일이 없습니다." "수보리여, 그대의 생각에는 어떠한가? 삼천대천 세계에 있는 티끌이 많다고 할 수 있겠느냐?" 수보리가 말씀드렸다. "매우 많습니다, 세존이시여." "수보리여, 모든 티끌이라 함은 여래가 티끌이 아닌 것을 말한 것이며, 그 표현이 티끌인 것이니라. 여래가 설명한 세계도 세계가 아닌 것을 말함이며, 그 표현이 세계인 것이니라. 수보리여, 그대의 생각에는 어떠한가? 서른두 가지 훌륭한 모습으로써 여래를 볼 수 있겠느냐? "아니옵니다. 세존이시여, 서른두 가지 훌륭한 모습으로는 여래를 볼 수 없습니다. 왜냐하면, 여래께서 설명한 서른두 가지 훌륭한 모습이란 곧 이것이 훌륭한 모습 아닌 것을 말씀하심이며, 그 표현이 서른두 가지 훌륭한 모습이기 때문입니다." "수보리여, 만일 자질이 뛰어나 남자나 여인이 있어서, 갠지스강의 모래알 수만큼의 목숨으로써 보시하고, 만일 또 어떤 사람이 이 경 가운데에서 사구게 등이라도 받아 지니고 남을 위해 설명한다면 이 사람의 복이 (앞의 사람보다) 훨씬 더 많을 것이니라."

제13분은 부처님처럼 깨닫고 그 깨달음으로 사람들을 깨닫게 하라는 내용이다.

먼저 경의 제목을 여쭌 것은 『금강경』의 핵심을 한마디로 말씀해 달라는 뜻이다. 이에 부처님께서는 '금강반야바라밀' 즉 '어떤 것에 의해서도 흔들리지 않으면서 어떤 것이라도 능히 물리치는 우리네 본래의 청정한 성품으로부터 비롯되는 초월적 지혜로 살아가는 길'이라고 말씀하셨다.

그런데 여기 『금강경』의 특징적인 표현이 다시 등장했다. '부처가 설명한 반야바라밀은 곧 반야바라밀이 아니라 그 표현이 반야바라밀이니라.'

모든 경전은 반야바라밀과 통한다. 그럼 경을 모두 기억하고 분석하여 이해하면 반야바라밀이 될까? 그것은 연구의 성과일 뿐 진짜 반야바라밀이 아니다. 근본을 잊어버리고 수단이나 작은 성과 위주로 수행하는 것은, 나무의 뿌리는 무시하고 가지나 잎에 물을 주거나 거름을 주며 가꾸려는 것과 다름이 없다.

불교방송국에서 강의를 하던 1991년부터 현재까지 나는 수많은 법회에서 우리나라 교육 방향이 잘못되었다고 지적했다. 어린 시절부터 대학교를 졸업할 때까지 청소년들은 상자 속의 삶을 살고 있다. 생활 및 교육 공간이 모두 규격화된 상자를 옮겨 다니듯 한다. 교육의 내용도 시험을 위주로 한 지식인데, 지식이란 과거의 정보를 상자처럼 고정시킨 것이다. 교육이라는 것이 정해진 틀(상자)인 시험을 누가 잘 통과하느냐의 경쟁이다. 이렇게 교육받은 청소년들이 어른이 된다고 자유롭고 창조적인 생각이나 판단을 할 수 있을까? 이미 굳어진 지식의 틀에 갇힌 사람은 자기만의 독창적이고 자유로운 삶을 살기 어렵다. 자유롭게 풀어놓고 뛰어놀게 하면, 직접 부딪치면서 분석하고 추리하며 통합하여 스스로 문제를 해결해 갈 것이다. 이렇게 성장하면 어른이 되어서도 늘 새롭게 다가오는 미래를 두려워하지 않고 즐겁게 맞을 것이다.

'훌륭한 모습'이라는 말이 가리키는 것은 관념화되고 도식화된 불상만이 아니다. 이미 지적 해석을 끝내버린 교학도 거기에 포함된다. 일부 학자들은 기도하는 수행법을 두고 기복불교(祈福佛教)라고 무시한다. 본인이 목숨 걸고 기도해 본 적이 없기 때문이다. 만약 생계와 명예(福)를 동시에 구하기(祈) 위해 관념화되고 도식화된 불교교학을 선택했다면 그것이야말로 해탈과는 아무 상관이 없는 기복이 된다.

부처님께서 말씀하신 그 뜻을 분명히 알고 수행하여 해탈해야 한다. 그리고 그 지혜로 다른 사람을 해탈시키려 노력해야 한다. 그것이 진정한 반야바라밀이며, '훌륭한 모습'이며, 가장 뛰어난 보시이다.

離相寂滅分 第十四
이 상 적 멸 분 제 14

관념을 초월하면 평화롭다

▲ 기도란 부처님에게 무엇을 비는 것이 아니다. 부처님과 하나가 되고 우주와 하나가 되는 순간이다. ― 2009년 12월 10일 인도 녹야원 다메크탑에서의 기도.

爾時 須菩提 聞說是經 深解義趣 涕
淚悲泣 而白佛言 希有世尊 佛說如
是甚深經典 我從昔來所得慧眼 未曾
得聞如是之經 世尊 若復有人 得聞
是經 信心清淨 則生實相 當知是人
成就第一希有功德 世尊 是實相者
則是非相 是故 如來說名實相 世尊
我今得聞如是經典 信解受持 不足爲
難 若當來世 後五百歲 其有衆生 得
聞是經 信解受持 是人則爲第一希有
何以故 此人 無我相人相衆生相壽者
相 所以者何 我相卽是非相 人相衆
生相壽者相卽是非相 何以故 離一切
諸相 則名諸佛

그때에 수보리가 이 법문 설하심을 듣고 부처님의 진실한 뜻(義趣)을 깊이 알아서, 감격하여 눈물을 흘리고 울며 부처님께 말씀드렸다. "놀라운 일입니다(希有). 세존이시여. 부처님께서 이처럼 뜻 깊은 법문을 말씀해 주시니, 제가 옛날에 지혜의 눈(慧眼)을 뜬 후로 일찍이 이와 같은 법문을 듣지 못했습니다. 세존이시여, 만약 어떤 사람이 이 법문을 듣고 믿는 마음이 깨끗하여 곧 진실한 지견(實相)을 내면 이 사람은 가장 뛰어나고 놀라운 공덕을 성취할 것임을 알겠습니다. 세존이시여, 이 진실한 지견이라는 것은 곧 이것이 지견 아닌 것을 말씀하심이며, 이런 까닭에 여래께서는 진실한 지견이라고 말씀하십니다. 세존이시여, 제가 지금 이 법문을 듣고는 믿고(信) 알며(解) 받아들이고(受) 실천하는 것(持)은 어렵지 않습니다만, 만약 오는 세상 다섯 번째의 오백 년에 그 어떤 중생이 이 법문을 듣고는 믿고 알며 받아들이고 실천한다면, 이 사람은 곧 가장 놀라운 사람이 될 것입니다. 왜냐하면 이 사람에게는 나라는 관념·사람이라는 관념·중생이라는 관념·목숨이라는 관념이 없을 것이기 때문입니다. 무슨 까닭이겠습니까? 나라는 관념이 곧 관념이 아니며, 사람이라는 관념·중생이라는 관념·목숨이라는 관념이 곧 관념이 아닙니다.

왜냐하면, 모든 부처님이란 일체의 관념
으로부터 벗어난 것을 표현한 것이기 때
문입니다."

◆

　제14분은 깨달음만이 유일한 행복임을 밝히기 위해 관념으로부터 자유로워진 경지를 설명하고 있다.

　앞부분인 위의 말씀에서는 먼저 수보리존자가 스스로의 참된 깨달음에 대해 온몸과 온 마음으로 표현을 하고 있다.

　수보리존자는 부처님께서 "스스로 초월적 지혜(般若)로 살면서 세상 사람들을 깨달음으로 인도하는 이가 가장 복된 사람이며 가장 행복한 사람이다. 그가 곧 부처다."라고 말씀하신 지금까지의 법문을 듣고는, 몸과 마음이 온통 환희로운 법열(法悅)로 충만하여 기쁨의 눈물을 흘리며 자신의 체험을 말씀드리고 있다. "놀랍습니다. 제가 부처님의 제자가 되어 지혜의 안목이 열린 이후 이처럼 깊고 깊은 말씀은 처음 듣습니다."

온몸과 마음으로 깊은 이치를 깨달았을 때 느끼는 법열(法悅)로 눈물을 흘린 적이 있는가. 만약 그렇지 못하다면 자기의 공부를 다시 점검해 봐야 한다. 자신을 던져 마음공부한 이라면 적어도 몇 번쯤 법열의 눈물 흘림이 있어야 한다. 이 법열의 환희는 일회적인 것이 아니다. 내면의 모든 장애를 초월해 버리기 때문에 이 법열 이후로는 괴로움에 떨어지지 않는다.

수보리존자는 이 체험을 하고는 '놀라운 일(希有)'이라고 실토하고 있다. 이전의 작은 체험을 뛰어넘은 것이다. 혼자 고요한 것은 진정한 공(空)이 아니다. 정말 공을 체득했다면 그는 자비롭지 않을 수 없는 것이다.

참된 지견(實相)은 부처님의 지견(佛知見)이다. 『법화경』에서는 '부처님께서 이 세상에 오신 뜻이 부처의 지견을 열어서(開) 보이고(示) 깨닫게 하여(悟) 부처님처럼 살게 하려는(入) 오직 하나의 목적이었다.'고 말씀하셨다. 불교수행의 목적은 지식의 학습도 지식의 축적도 아니다. 혼자 외딴곳에서 유유자적하는 것도 아니다. 오직 스스로 깨닫고 다른 사람들을 깨닫게 하기 위해 보살행을 하는 것이다. 만일 현실참여를 해야 한다면 오직 이 목적이어야만 한다. 누구의 편을 들어주기 위해서나 자신 또는 자신이 속한 단체의 이익을 추구하기 위해서도 안 된다. 그것은 곧바로 충돌을 일으키고 만다.

부처님 당시에도 수많은 사람들이 부처님의 말씀을 무시하였고, 또 곁에서 무수히 법문을 들었음에도 부처님을 비난하며 떠난 이들이 있었다. 그것은 부처님에게 허물이 있어서가 아니라 듣는 사람이 자기의 오만한 관념 속에 갇혀 있었기 때문이다. 하물며 2500년이 지난 현재에 반야바라밀의 법문을 듣고 이해하며 깨닫고 남을 깨닫게 하려고 노력하는 사람이 있다면, 그가 세상에서 가장 놀라운 사람이다. 그는 이미 온갖 관념에서 벗어나 자유자재하기 때문이다. 그는 모든 지식을 자유자재로 활용하되 그 지식에 갇히질 않는다. 그 사람에겐 모든 지식과 눈앞의 현상들이 그저 흘러가는 물과 같기 때문이다.

수보리존자는 자신의 큰 깨달음을 이렇게 표현했다. "부처란 일체의 관념으로부터 벗어난 것을 표현한 말이다." 이 구절을 접하는 순간 모든 것이 허물어져 기쁨의 눈물을 흘려야 한다.

佛告須菩提 如是如是 若復有人 得
聞是經 不驚不怖不畏 當知是人甚
爲希有 何以故 須菩提 如來說第一
波羅蜜 卽非第一波羅蜜 是名第一波
羅蜜 須菩提 忍辱波羅蜜 如來說非
忍辱波羅蜜 何以故 須菩提 如我昔
爲歌利王割截身體 我於爾時 無我相
無人相 無衆生相 無壽者相 何以故
我於往昔節節支解時 若有我相人相
衆生相壽者相 應生瞋恨 須菩提 又
念過去於五百世 作忍辱仙人 於爾所
世 無我相 無人相 無衆生相 無壽者
相 是故 須菩提 菩薩 應離一切相 發
阿耨多羅三藐三菩提心 不應住色生

心 不應住聲香味觸法生心 應生無所
住心 若心有住 則爲非住 是故 佛說
菩薩心不應住色布施

부처님께서 수보리에게 말씀하셨다. "옳
고 옳다. 만약 어떤 사람이 이 말을 듣고
는 놀라지 않고 겁내지 않으며 두려워하
지 않는다면, 마땅히 '이 사람은 매우 거
룩한 사람이다'고 알아야 한다. 왜냐하면,
수보리여, 여래가 말한 최고의 삶(第一波
羅蜜)이 곧 최고의 삶(제일바라밀)이 아닌
것을 말함이며, 그 표현이 최고의 삶(제일
바라밀)이기 때문이니라. 수보리여, 포용
의 삶(忍辱波羅蜜)도 여래가 포용의 삶(인

욕바라밀)이 아니라고 설명했느니라. 왜
냐하면 수보리여, 내가 옛날 가리왕에게
몸이 베이고 잘리게 되었던 것과 같기 때
문이니라. 그 때 나에게는 나라는 관념(我
相)이 없었고 사람이라는 관념(人相)이 없
었으며 중생이라는 관념(衆生相)이 없었
고 목숨이라는 관념(壽者相)이 없었느니
라. 왜냐하면, 내가 옛날 마디마디 손과 발
(四支)이 잘릴 때에 만약 나라는 관념·사
람이라는 관념·중생이라는 관념·목숨
이라는 관념이 있었다면 당연히 성내며
원망하는 생각을 내었을 것이기 때문이니
라. 수보리여, 또 생각하니 과거 오백생 동
안에 인욕의 스승이었는데, 그 세상에서

도 나라는 관념·사람이라는 관념·중생
이라는 관념·목숨이라는 관념이 없었느
니라. 이런 까닭에 수보리여, 보살은 마땅
히 모든 관념에 얽매이지 말고 가장 높고
바르며 원만한 깨달음의 마음을 내어야
하나니, 마땅히 모양(색)에 집착하지 않고
마음을 내어야 하며, 마땅히 소리·향기·
맛·감촉·이치에 집착하지 말고 마음을
내어야 한다. 『요약하면』 마땅히 집착 없
는 마음을 내어야 하는 것이니, 만약 마음
에 집착(住)이 있으면 바른 경지가 아니니
라. 이런 까닭에 부처가 '보살은 모양(色)
에 집착하지 않는 마음으로 보시해야 한
다'고 설명했느니라."

부처님께서는 제자들에게 무엇을 기대하셨을까? 일반인이 상상할 수 없는 온갖 고행을 당신처럼 하길 바라셨을까? 아니면 당신의 말씀을 모두 기억하여 잊지 않길 원하셨을까? 이 질문에 대한 답이 위에 있다. '세상의 모든 관념으로부터 벗어난 사람'이길 기대하셨던 것이다. 그렇기 때문에 '부처란 모든 관념으로부터 해탈한 사람이다'고 말씀하셨고, 그 말을 듣고 놀라거나 두려워하지 않고 곧바로 받아들이는 이가 '매우 거룩한 사람'이라고 하신 것이다.

부처님께서는 태자 시절의 깊은 사유로부터 6년 고행에 이르기까지 수많은 시행착오를 거치셨지만 깨닫지를 못하셨다. 마지막으로 부다가야의 보리수 아래로 옮기신 후 마라(魔羅māra)를 항복받으시고는 깨달음에 이르셨는데, 그때의 마라가 곧 일체의 관념이었던 것이다. 그러므로 제자 가운데 그것을 곧바로 받아들여 해탈하는 이가 있다면 그가 곧 진정한 제자이면서 이심전심의 벗이 아니었겠는가. 그러므로 부처님께서 '최고의 삶'이라고 말한 것이 밖으로 보이는 최고를 말한 것이 아니며 다만 관념으로부터 해탈한 삶을 그렇게 표현한 것에 불과하다 말씀하신 것이다.

부처님처럼 사는 방법이 무엇일까? 부처님은 자신의 전생 얘기를 말씀하셨다. 사냥을 나갔던 포악한 왕이 피곤해서 잠든 사이 무료해진 궁녀들이 구경을 나섰다가 숲 속에서 수행자를 만나 상담을 하게 되었다. 뒤늦게 이러한 사실을 알게 된 왕은 질투심으로 화를 내면서 인욕을 시험한다며 수행자의 팔과 다리를 자르는 일이 벌어졌다. 부처님께서는 이 전생의 사건을 비롯해 수많은 생의 수행 기간에 인욕선인으로 지내는 동안 일체의 관념으로부터 자유로웠기 때문에 화를 내거나 원망하는 일이 없었다고 말씀하셨다.

흔히 인욕(忍辱)이라고 하면 '무조건 참는 것'이라고 이해하는 경우가 많은데, 억지로 참는 것은 자신도 괴롭지만 더 큰 화근이 되기도 한다. 그러므로 인욕바라밀은 억지로 참는 삶을 뜻하는 것이 아니라, 자기중심적인 모든 관념으로부터 해탈한 이가 자비심으로 상대를 연민히 여겨 무한 포용하는 삶을 가리키는 표현일 뿐인 것이다.

자신도 깨닫고 남도 깨닫게 하려는 보살은 먼저 스스로가 모든 관념으로부터 해탈해야 한다. 그러기 위해서는 일체의 대상에 대한 집착을 놓아야 한다. 감각기관으로 접하는 모든 대상과 마음으로 접하는 이치 등에 끌려다니지 않는 사람이라야, 타인에게 그 모든 것을 잘 베풀 수 있

는 것이다. 이렇게 할 수 있는 이가 곧 보살이
며, 그가 곧 거룩한 사람이다.

▲ 왜 후세 사람들은 원효스님을 해동보살이라고 존칭했을
까 – 일본 교토 고잔지(高山寺) 소장 원효대사 진영. 13세
기 초. 일본 국보

須菩提 菩薩 爲利益一切衆生 應如
是布施 如來說一切諸相 卽是非相
又說一切衆生 則非衆生 須菩提 如
來是眞語者 實語者 如語者 不誑語
者 不異語者 須菩提 如來所得法 此
法 無實無虛 須菩提 若菩薩 心住於
法 而行布施 如人入闇 則無所見 若
菩薩 心不住法 而行布施 如人有目
日光明照 見種種色 須菩提 當來之
世 若有善男子善女人 能於此經 受
持讀誦 則爲如來 以佛智慧 悉知是
人 悉見是人 皆得成就無量無邊功德

"수보리여, 보살은 모든 중생을 이익 되게 하기 위해 마땅히 이렇게 보시해야 하느니라. 여래가 설명한 일체 모든 관념이 곧 관념이 아니며, 또 여래가 설명한 모든 중생도 곧 중생이 아니니라.

수보리여, 여래는 참된 말을 하는 이이고, 실다운 말을 하는 이이며, 한결같은 말을 하는 이이고, 속이지 않는 말을 하는 이이며, 다르지 않는 말을 하는 이이니라.

수보리여, 여래가 깨닫고 설한 가르침에는 참다움도 없고 거짓됨도 없느니라. 수보리여, 만약 보살이 마음을 사물에 집착하여 보시한다면 마치 사람이 어두운 곳에서 아무것도 못 보는 것과 같으며, 만약 보살이 마음을 사물에 집착하지 않고 보시를 한다면 눈 밝은 사람이 밝게 비치는 햇빛 아래에서 갖가지 사물을 보는 것과 같으니라.

수보리여, 오는 세상에 만약 어떤 자질이 뛰어난 남자나 여인이 능히 이 경을 받아 지니어 읽고 외우면, 곧 여래가 부처의 지혜로서 이 사람을 다 알고 이 사람을 다 보나니, 모두가 한량없고 가없는 공덕을 성취할 것이니라."

◆

　부처님의 참된 제자라고 할 수 있는 보살은 베풂(布施)을 첫 번째 덕목으로 삼는다. 그 베풂에는 두려움을 없애 주는 것(無畏施)과 바른 길을 가르쳐 주는 것(法施) 그리고 물질적인 도움을 주는 것(財施)이 있다. 이에 대해 "나는 수행이 높지 않고 두려움을 없애 줄 수도 없고 바른 길을 가르쳐 줄 수도 없다. 그리고 가난하니 물질적으로도 도움을 줄 수가 없다"고 말하는 이들이 있다.

　『잡보장경(雜寶藏經)』에는 '재물 없이도 할 수 있는 일곱 가지 베풂(無財七施)'에 대한 가르침이 있다. 요약하면 ①웃는 얼굴로 대하기(和顔施) ②따뜻하고 부드럽게 말하기(言施) ③온화한 눈길로 보기(眼施) ④몸으로 돕기(身施) ⑤따뜻한 마음으로 대하기(心施) ⑥자리 양보하기

(座施) ⑦잠 재워 주기(房舍施) 또는 마음 헤아려 주기(察施)이다.

위의 항목은 아름다운 사회를 만들기 위한 조건과도 같은 것이다. 종교인이라면 여기서 한 걸음 더 나아가야 하는데, 그것은 자기가 베푼 것에 대한 대가를 바라지 않는 것이다. 그래서 성경에서는 '오른손이 한 일을 왼손이 모르게 하라『마태복음』'고 했고 불교에서는 '아무런 집착 없이 베풀어라(無住相布施)'고 했다. 이 가르침대로 실천하면 도움을 주는 사람도 도움을 받는 사람도 모두 자유롭고 편안하다. 하지만 대부분의 종교인 또는 종교단체는 자기들이 좋은 일 한 것을 자화자찬으로 대서특필하고 있다.

왜 그럴까? 우선 수행의 경지가 낮아서 진리로서의 법신(法身)인 예수님도 부처님도 보지 못하기 때문이며, 다음으로는 믿음마저도 굳건하지 못하여 예수님이나 부처님의 가르침보다 자기들의 계산적 삶이 더 옳다고 생각하기 때문이다. 그런 까닭에 선행으로 시작하고도 결과적으로는 서로가 괴로워하는 나쁜 과보를 만들고 마는 것이다.

부처님께서는 당신의 말씀에 대해 여러 가지로 자세히 언급하셨다. 그리고는 "여래가 깨닫고 설한 가르침에는 참다움도 없고 거짓됨도 없다"고 결론지었다. 즉 아직 깨달음에 이르지 못한 이는 부처님의 경지를 알지 못하니 참답다는 생각을 하지 않으며, 깨달은 사람은 부처님의 경지를 알기에 거짓이라고 생각지 않는다는 뜻이다.

그리고 다시 베풀되 집착하는 이는 어둔 밤에 아무것도 보지 못하는 어리석음에 머물고, 집착 없이 베푸는 이는 환한 낮에 눈 밝은 이처럼 지혜로 충만해질 것임을 강조하셨다. 그러므로 이 『금강경』의 가르침대로 실천하고 타인에게 그

가르침을 전하는 사람은 '한량없고 가없는 공덕
을 성취할 것임'을 부처님께서 지혜의 눈으로 다

▲ 개화사 종무소의 포대화상(布袋和尙). 명대(明代) 조성.
청동에 개금. 중국 오대(五代)시대 후량(後梁)의 고승(高
僧)인 계차스님(契此). 일정한 주처가 없이 언제나 지팡이
에 자루를 걸어 메고 다녔다. 주는 물건은 모두 자루에 넣
었고, 필요로 하는 사람에게 무조건 베풀었다. 그래서 포
대화상(布袋和尙)으로 불렸으며, 후대에는 미륵보살의 화
현으로 집집마다 모시게 되었다.

보시고 다 아신다고 확신을 주시는 것이다.

그럼 관념으로부터 자유로워진다는 것은 어떠한 경지일까?

어느 날 세 분 선지식인 암두스님(巖頭, 828~887), 설봉스님(雪峯, 822~908), 흠산스님(欽山)이 물그릇을 앞에 놓고 마주 앉았다. 먼저 흠산스님이 말했다. "물이 맑으면 달이 나타나지." 다음엔 설봉스님이 말했다. "물이 맑으면 달이 사라지네." 그러자 암두스님이 자리에서 일어나 물그릇을 차 버리고는 가 버렸다.

흠산스님은 온갖 망상이 고요해지면 본래의 성품이 드러남을 밝혔고, 설봉스님은 정말로 맑아진 경지라면 본래의 성품이랄 것도 없음을 지적했으며, 암두스님은 번뇌니 본성이니 하는 따위가 관념을 떠난 절대의 경지에는 쓸데없는 것임을 보여 준 것이다.

持經功德分 第十五
지 경 공 덕 분 제 15

부처님 가르침대로 실천하는 공덕

▲ 1980년 범어사불교전문강원(현 범어사승가대학) 대교반
   때 도반들 앞에서 법문하는 모습. 비록 도반이지만 부처
   님 법을 설하기에 법사의 예로 대접한다.

須菩提 若有善男子善女人 初日分
以恒河沙等身布施 中日分 復以恒
河沙等身布施 後日分 亦以恒河沙等
身布施 如是無量百千萬億劫 以身布
施 若復有人 聞此經典 信心不逆 其
福勝彼 何況書寫受持讀誦爲人解說
須菩提 以要言之 是經 有不可思議
不可稱量無邊功德 如來 爲發大乘者
說 爲發最上乘者說 若有人 能受持
讀誦 廣爲人說 如來 悉知是人 悉見
是人 皆得成就不可量不可稱無有邊
不可思議功德 如是人等 卽爲荷擔如
來阿耨多羅三藐三菩提 何以故 須菩
提 若樂小法者 着我見人見衆生見壽

者見 則於此經 不能聽受讀誦爲人解
說 須菩提 在在處處 若有此經 一切
世間天人阿修羅 所應供養 當知此處
則爲是塔 皆應恭敬 作禮圍繞 以諸
華香 而散其處

"수보리여, 만약 어떤 자질이 뛰어난 남
자나 여인이 아침나절에 갠지스강 모래
수만큼의 목숨으로 보시하고, 점심나절에
다시 갠지스강 모래 수만큼의 목숨으로
보시하며, 저녁나절에 또 갠지스강 모래
수만큼의 목숨으로 보시하여, 이렇게 한
량없는 백천만억 겁을 목숨으로써 보시하
더라도, 만약 다시 어떤 사람이 이 경전을

듣고 믿는 마음으로 비난하지만 않더라도 그 복이 목숨으로 보시한 것보다 뛰어난 것인데, 하물며 베끼고 받아 지니며 읽고 외우며 다른 사람을 위해 설명해 주는 것이겠느냐.

수보리여, 요약해서 말하자면 이 경에는 생각할 수도 없고 헤아릴 수도 없는 가없는 공덕이 있나니, 여래가 보살의 삶을 결심한 사람을 위해 (이 경을) 가르치며, 성불에 뜻을 세운 사람을 위해 (이 경을) 가르치는 것이니라.

만약 어떤 사람이 능히 (이 경을) 받아 지니고 읽고 외우며 널리 다른 사람을 위해 설명해 주면, 여래가 이 사람을 다 알고 이 사람을 다 보리니, 모두가 한량없고 일컬을 수 없으며 가없고 생각할 수 없는 공덕을 성취하리라. 이러한 사람들은 곧 여래의 가장 높고 바르며 평등하고 원만한 깨달음을 감당할 것이니라.

왜냐하면 수보리여, 만약 믿고 받아들이는 능력이 부족한 중생은 나라는 견해·사람이라는 견해·중생이라는 견해·목숨이라는 견해에 집착하므로, 곧 이 경을 듣지도 못하고, 읽고 외우지도 못하며, 다른 사람을 위해 설명하지도 못하기 때문이니라.

수보리여. 어떤 곳이라도 만약 이 경이 있다면, 모든 세상의 천신·사람·아수라가

당연히 공양할 것이니라. 마땅히 알아야
한다. 이 경이 있는 곳은 곧 부처님의 사리
탑처럼 되어, 모두가 당연히 공경하여 예
배하고 주위를 돌며 온갖 꽃과 향으로써
그곳에 뿌릴 것이니라.

제15분은 '경을 지니는 공덕'에 대해 설명하셨다. 경을 지닌다는 것은 부처님의 가르침을 몸소 실천하는 것을 뜻한다. 바른 가르침을 실천하는 공덕을 분명히 하기 위해 여기서는 무수한 목숨을 희생하는 것과 부처님의 가르침을 실천하는 공덕을 비교했다.

만일 타인이나 세상을 위해 자기의 목숨을 희생하는 사람이 있다면 그는 영웅 대접을 받는다. 경전에서 하루에도 갠지스강 모래알처럼 많은 목숨 보시를 세 번이나 한다는 말은 '지경공덕'을 극대화하기 위한 장치이다. 상상불허의 목숨 보시를 한 사람은 후생에 세계에서 가장 부자가 되거나 최고위 권력자가 될 것이다. 하지만 복이 많다고 곧 행복한 것은 아니다. 세계 최고의 부자나 권력자도 끝없는 걱정과 두려움에 시달렸다. 다시 말해 절대자유와 영원한 행복은 아닌 것이다.

만약 부처님의 말씀을 온전히 믿고 받아들여 반야바라밀을 실천하는 보살이라면 어떨까? 『반야심경』에서는 '반야바라밀을 실천하는 까닭에 마음에 걸림이 없고, 마음에 걸림이 없으므로 두려움이 없어서 어리석음(전도몽상)을 완전히 벗어나, 마침내 최후의 깨달음(열반)을 이룬다.'고 요약하였다. 최후의 깨달음이란 변하지 않고(常) 언제나 기쁜 삶이며(樂), 진리의 당체인 나이며(我) 어떤 환경에서도 맑은 삶이다(淨). 사람이 생각할 수 있는 최고의 행복은 깨달음에 의해서만 가능해지는 것이다. 여기에 이른 사람이 재벌이나 최고 권력자를 부러워하겠는가.

최고의 행복에 이르고자 하면 바른 눈과 자유로운 손발이 필요하다. 이 눈과 손발은 본래 자신에게 갖추어져 있지만, 스스로가 예쁘다고 비단으로 눈을 가렸고 귀하다며 무거운 황금신발을 신어버렸다. 그래서 참된 행복을 보지 못하고 걸어가지도 못한다. 이 비단과 황금신발에 해당되는 것이 곧 이기적인 견해들이다. 이기적 견해에 떨어져 있는 사람은 비록 법문을 들어도 가르침의 내용이 무엇인지 모른다. 모르니 수행도 하지 않으며, 결국 깨달은 것이 없으니 남을 인도할 수도 없다.

그런 까닭에 부처님께서는 모든 이들의 성불을 목표로 하는 대승의 보살들을 위해『금강경』을 설하신다고 말씀하셨다. 결국 시작은 자신의 큰 발심에서부터 비롯되는 것이다.

부처님의 가르침을 몸소 실천하여 깨달은 사람은 곧 부처님처럼 대접받는다. 그와 함께 있으면 행복하기에 인연을 맺고자 하는 것이고, 기쁨을 오래 유지하려고 공경하며 예배하는 것이다.

　향기 좋은 꽃에는 벌 나비가 멀리서도 날갯짓을 아끼지 않으며, 맑은 샘에는 뭇 생명이 찾아와 고개를 숙이는 법이다.

能淨業障分 第十六
능정업장분 제 16

업으로 인한 장애를 맑히는 공덕

▲ 모든 수행이 업장을 소멸하지만 본성을 보면 찰나에 모든 업장이 소멸된다. – 한산당 화엄대선사의 달마도 – 개화사 설법전 소장.

復次 須菩提 善男子善女人 受持讀
誦此經 若爲人輕賤 是人 先世罪業
應墮惡道 以今世人輕賤故 先世罪業
則爲消滅 當得阿耨多羅三藐三菩提
須菩提 我念過去無量阿僧祇劫 於燃
燈佛前 得值八百四千萬億那由他諸
佛 悉皆供養承事 無空過者 若復有
人 於後末世 能受持讀誦此經 所得
功德 於我所供養諸佛功德 百分不及
一 千萬億分 乃至算數譬喻 所不能
及 須菩提 若善男子善女人 於後末
世 有受持讀誦此經 所得功德 我若
具說者 惑有人聞 心卽狂亂 狐疑不
信 須菩提 當知 是經義不可思議 果
報亦不可思議

"다시 또 수보리여, 자질이 뛰어난 남자나 여인이 이 경을 받아 지니고 읽고 외우는 데도 혹시 다른 사람으로부터 무시당하고 천대를 받으면, 이 사람은 지난 세상에 지은 죄업으로 악도(나쁜 세상-지옥·아귀·축생)에 떨어져야 마땅한데도, 금생에 남으로부터 무시되고 천대받음으로써 전생의 죄업이 곧 소멸되고 반드시 가장 높고 바르며 원만한 깨달음을 이루리라.

수보리여, 내가 과거 헤아릴 수 없는 아승기겁을 생각건대, 연등부처님을 만나기 전 팔백사천만억 나유타 부처님을 만나서 모두 공양하고 받들어 섬기어 그냥 지나친 분이 없었느니라. (그런데) 만약 어떤 사람이 이다음 말법(末法)세상에 이 경을 받아 지니고 읽고 외우면, 그 얻은 공덕은 내가 모든 부처님께 공양한 공덕으로는 백분의 일에도 미치지 못하며, 천만억분이나 나아가 숫자로 헤아리는 비유로도 능히 미치지 못하느니라.

수보리여, 만약 자질이 뛰어난 남자나 여인이 다음 말법 세상에서 이 경을 받아 지니고 읽고 외우면, 그 얻게 될 공덕을 내가 자세하게 설명한다면 이 말을 듣는 사람은 마음이 미치고 어지러워 의심하고 믿지 않으리라. 수보리여, 마땅히 알아야 한다. 이 경은 뜻도 생각할 수 없지만 과보로도 또한 생각할 수 없느니라.

제16분에서는 업(業)의 장애로부터 자유로워지는 공덕에 대해 말씀하셨다. 사람들은 뜻대로되지 않을 때 "전생에 무슨 업을 지었기에 이 고통을 받을까?"하며 한탄한다. 업이란 일정한 방향성을 갖는 생각과 언행을 가리킨다. 세상과 사람들에게 좋은 영향을 미칠 방향성일 경우 선업(善業)이라고 하고, 반대의 경우를 악업(惡業)이라고 한다. 삶에 여러 가지 장애를 일으키는 것은 악업이지만, 수행에 장애를 일으키는 것은 선업과 악업이 모두 포함된다. 선업의 좋은 과보로 복이 많아지기에 수행할 마음을 내지 않기에 선업도 장애가 된다는 것이다.

『금강경』을 독송하면 업장(業障)이 소멸된다는 말은 『금강경』을 통해 부처님의 말씀을 만나고(듣고) 그 가르침대로 실천하면 지혜로워져서

업으로부터 해탈하게 된다는 뜻이다.『금강경』의 뜻도 모른 채로 종일 독경만 한다고 업장이 소멸되지는 않는다. 수행으로 인한 업장 소멸에도 차이가 있다. 신심과 용기가 부족한 사람은 조금씩 자신을 변화시키기에 업장 또한 아주 천천히 소멸된다. 이 경우 괴로움이 약해지긴 하지만 오래 지속된다. 하지만 굳건한 신심과 큰 용기를 가진 사람은 부처님의 말씀을 그대로 흡수하여 순식간에 자신을 변화시키는데, 이 경우는 업장도 순식간에 사라지게 되는 것이다. 만일 독경이나 기도 참선 등의 수행을 하는데도 업장이 계속된다면 자신의 수행 정도가 약하거나 잘못된 방향으로 가고 있기 때문임을 알아차려야 한다.

부처님께서는 과거 무량한 생에 걸쳐 생명(여기서는 부처)을 존중하고 만나는 이들(여기서는 부처)을 공양했다고 여러 곳에서 밝힌 바 있는

데, 그 공덕보다『금강경』공부하는 공덕이 훨씬 크다고 밝히셨다. 무슨 까닭일까? 앞의 무수한 선행은 성불하기 전의 선업이다. 하지만『금강경』은 부처님께서 최고의 깨달음으로 체득하신 해탈의 비법을 가르치신 것이다. 선업의 복덕을 쌓는 것과 업장으로부터 완전히 해탈해 깨달음에 이르는 것을 비교할 수 있겠는가. '받아 지니고 읽고 외우며 타인을 위해 설명한다(受持讀誦 爲他人說)'는 이 구절은 스스로 수행하여 최고의 깨달음에 도달한 이의 보살행을 뜻한다.

요즘 같은 혼돈의 시기(말법시대)에 '깨달으면 업장도 소멸되고 모든 괴로움으로부터 해탈한다'는 말을 들으면 대개 놀라거나 의심만 할 것이다. 하지만 그럼에도 믿고 수행하며 깨닫는 사람이 있다면, 그가 도달한 경지를 말로 설명하는 것 자체가 불가능한 일이다.

나병 환자였던 40대의 한 남자가 혜가(慧可)

대사를 만나 업장을 소멸시켜 달라고 간청했다. 혜가대사는 업을 찾아서 내어 놓으면 없애 주겠노라고 했고, 사내는 찾을 수가 없다고 했다. 혜가대사는 업을 다 없앴노라 했고, 사내는 곧바로 본래 청정한 본성을 보았다(見性). 사내는 혜가대사의 제자가 되어 몇 년 후 나병도 깨끗이 나았다. 그가 바로 중국 선종의 3조 승찬대사(僧璨大師)이다.

『금강경』의 핵심은 청정본성이고, 청정본성은 본래해탈이다. 하지만 청정본성은 인식과 이해 정도로는 볼 수 없다.

究竟無我分 第十七
구 경 무 아 분   제 17

모든 법에는 끝끝내 실체가 없다

▲ 길도 없고 안내도도 없는 허공이기에 새들은 자유자재 날아간다.

爾時 須菩提白佛言 世尊 善男子善
女人 發阿耨多羅三藐三菩提心 云何
應住 云何修行 云何降伏其心 佛告
須菩提 若善男子善女人 發阿耨多羅
三藐三菩提心者 當生如是心 我應滅
度一切衆生 滅度一切衆生已 而無有
一衆生實滅度者 何以故 須菩提 若
菩薩 有我相人相衆生相壽者相 卽非
菩薩 所以者何 須菩提 實無有法發
阿耨多羅三藐三菩提心者

그때 수보리가 부처님께 사뢰어 말씀드렸다. "세존이시여, 자질이 뛰어난 남자나 여인이 가장 높고 바르며 원만한 깨달음의 마음을 내었다면 마땅히 어떻게 발심을 유지하며 어떻게 수행해야 하고 어떻게 그 마음을 항복받아야 하겠습니까?"

부처님께서 수보리에게 말씀하셨다. "만약 자질이 뛰어난 남자나 여인으로서 가장 높고 바르며 원만한 깨달음의 마음을 낸 사람이라면 당연히 '나는 마땅히 모든 중생을 열반의 세계에 들게 할 것이다' 하는 이러한 마음을 가져야 하느니라. 그러나 모든 중생을 열반에 들게 한 뒤에는 참으로 열반에 들게 했다는 생각이 없어야 하느니라. 왜냐하면 수보리여, 만약 보살에게 나라는 관념·사람이라는 관념·중생이라는 관념·목숨이라는 관념이 있다면 곧 보살이 아니기 때문이니라. 무슨 까닭이겠느냐? 수보리여, 실제로는 가장 높고 바르며 원만한 깨달음의 마음을 내었다고 할 법이 없기 때문이니라.

양 소명태자(梁 昭明太子, 501~531)가 구분한 제17분의 제목 '구경무아(究竟無我)'를 직역하면 '끝끝내 나라고 할 것이 없다'가 되는데, 범본(梵本)을 보면 '법에는 자아가 없다'고 되어 있으며 쿠마라지바 역본에는 '무아법자(無我法者)'이다. 그러므로 '모든 법에는 끝끝내 실체가 없다'고 번역하면 오해의 소지를 없앨 수 있다. 이것은 어떤 사물의 겉모양이나 사상의 표현에 대해 절대적이라고 집착해서는 안 된다는 가르침이다.

'무소유(無所有)'를 '갖지 않음'이라고 풀이하는 것은 불교적인 해석이 아니다. 불교에서 '유(有)'는 '존재, 존재하는 것'을 가리키며, '소유(所有)'는 '영원히 존재하는 것'이라는 뜻이다. 따라서 '무소유'는 '영원히 존재하는 것은 없다'

라고 해석해야 한다. 애초에 영원히 가질 수 있는 것이 하나도 없다는 일체개공(一切皆空)의 도리를 바로 알아 집착하지 말라는 뜻이다.

제17분의 시작은 마치 제2분의 되풀이처럼 보이지만, 제2분이 처음 발심하는 보살에 대한 것이라면 제17분은 이미 발심한 보살이 어떻게 그 발심을 유지하여 수행하며 자신을 항복받을 수 있는가에 대한 문제이다.

도고마성(道高魔盛) 또는 도고마상(道高魔上)이라는 말이 있다. 둘 다 같은 뜻으로 '도가 높아지면 장애도 커진다'는 뜻이다. 처음 마음을 낼 때에는 태산도 무너뜨릴 기세로 수행에 임한다. 그 용맹함이 오래 수행한 이들도 견주기 어렵다. 하지만 그것이 오래가질 않는다. 팽팽한 긴장감은 옆 사람도 불편하게 만들지만, 당사자도 엄청난 스트레스에 시달리기 마련이다. 결국 자기가 만든 스트레스에 스스로가 무너지면서 급격한 실망감에 빠져 버린다. 그래서 '밤새 안녕!'이라고 자취를 감춰 버리기도 하고, 또는 "저는 틀렸나 봅니다."라는 말을 남기고 총총히 사라지는 이들이 생긴다. 이것을 어른스님들은 '말뚝신심'이라고 한다.

처음 발심한 그 마음이 지속되면 얼마나 좋겠는가. 하지만 점차 꾀를 내게 되고 나태해지기 시작한다. 이렇게 되면 수행은 이미 끝났다고 보면 된다. 말뚝신심으로 끝나지 않으려면 어떻게 해야 할까? 스스로 생명력을 불어넣어야만 한다. 자기 귀에 즐거운 달콤한 얘기가 아닌 쓴 법문도 듣고, 때로는 어렵다고 생각되는 교학이나 선어록도 파고들어가 보며, 때로는 무릎이 떨어져 나갈 정도로 좌선도 해 봐야만 하는 것이다. 그래야만 처음 마음이 유지된다. 『화엄경』에 초발심시변성정각(初發心時便成正覺)이라는 말이 있다. '처음 발심을 그대로 유지하면 반드시 성불한다'는 뜻이다.

보살은 처음 발심한 그대로 '모든 이들을 깨달음에 이르게 하겠다'는 그 마음을 유지해야 하고, 또 실제로도 깨달음에 이르게 해기 위해 최선을 다해야 한다. 그러나 자신의 행에 대해서는 아무런 생각도 일으켜선 안 된다. 만약 좋은 일을 했다는 생각이 일어나면 자만심이 생기고 대접받으려는 생각이 일어날 것이며, 그로 인해 괴로움이 생길 것이기 때문이다. 괴로움이 있으면 보살이 아니며, 수행도 물 건너간 것이다.

불교수행에 있어 최대의 장애는 관념이다. 최선을 다해 타인을 이끌어 주되 어떤 관념도 일으키지 않는 것이 참된 보살이다.

須菩提 於意云何 如來 於燃燈佛所
有法得阿耨多羅三藐三菩提不 不也
世尊 如我解佛所說義 佛於燃燈佛所
無有法得阿耨多羅三藐三菩提 佛言
如是如是 須菩提 實無有法如來得
阿耨多羅三藐三菩提 須菩提 若有法
如來得阿耨多羅三藐三菩提者 燃燈
佛 則不與我授記 汝於來世 當得作
佛 號釋迦牟尼 以實無有法得阿耨多
羅三藐三菩提 是故 燃燈佛 與我授
記 作是言 汝於來世 當得作佛 號釋
迦牟尼 何以故 如來者 卽諸法如義
若有人言如來得阿耨多羅三藐三菩
提 卽爲謗佛 不能解我所說故 須菩

提 實無有法佛得阿耨多羅三藐三菩
提 須菩提 如來所得阿耨多羅三藐三
菩提 於是中 無實無虛 是故 如來說
一切法 皆是佛法 須菩提 所言一切
法者 卽非一切法 是故 名一切法 須
菩提 譬如人身長大 須菩提言 世尊
如來說人身長大 則爲非大身 是名大
身 須菩提 菩薩亦如是 若作是言 我
當滅度無量衆生 則不名菩薩 何以故
須菩提 實無有法名爲菩薩 是故 佛
說一切法 無我無人無衆生無壽者 須
菩提 若菩薩作是言 我當莊嚴佛土
是不名菩薩 何以故 如來說莊嚴佛土
者 卽非莊嚴 是名莊嚴 須菩提 若菩

薩 通達無我法者 如來說名眞是菩薩

"수보리여, 그대의 생각에는 어떠한가?
여래가 연등불 처소에서 가장 높고 바르
며 원만한 깨달음을 얻은 법이 있겠느
냐?"
"아니옵니다. 세존이시여. 제가 부처님께
서 말씀하신 뜻을 이해하기로는, 부처님
께서 연등불 처소에서 가장 높고 바르며
원만한 깨달음을 얻은 것이 없습니다."
부처님께서 말씀하셨다. "옳고 옳다 수보
리여, 진실로 여래가 가장 높고 바르며 원
만한 깨달음을 얻은 것이 없느니라. 수보
리여, 만약 여래가 가장 높고 바르며 원만

한 깨달음이라는 것을 얻은 법이 있다면, 연등불께서 나에게 '그대는 내세에 마땅히 부처가 되어 석가모니라고 이름 할 것이다'하는 수기를 주지 않았을 것이니라. 그러나 진실로 가장 높고 바르며 원만한 깨달음을 얻은 법이 없으므로, 이런 까닭에 연등불께서 나에게 수기를 주시어 '그대는 내세에 마땅히 부처가 되어 석가모니라고 이름 할 것이다'고 이렇게 말씀하신 것이니라. 왜냐하면 여래라는 것은 모든 존재의 참된 모습이라는 뜻이기 때문이다. 혹 어떤 사람이 '여래가 가장 높고 바르며 원만한 깨달음을 얻었다'고 말한다면 곧 부처를 비방하는 것이 되나니 내가 말한 참된 뜻을 모르기 때문이니라. 수보리여, 실제로는 부처가 가장 높고 바르며 원만한 깨달음을 얻은 법이 없느니라. 수보리여, 여래가 얻었다는 가장 높고 바르며 원만한 깨달음은 그 가운데에 참됨도 없고 허망함도 없느니라. 이런 까닭에 여래는 '모든 법이 곧 불법(佛法)이다'고 말하는 것이니라. 수보리여, '모든 법'이란 곧 '모든 법' 아닌 것을 말함이며, 그러므로 '모든 법'이라고 표현하는 것이니라. 수보리여, 비유하자면 어떤 사람의 몸이 엄청나게 크다고 하는 것과 같으니라."

수보리가 말씀드렸다. "세존이시여, 여래께서 사람의 몸이 엄청나게 크다고 하신 것은 곧 큰 몸 아닌 것을 말씀하심이며, 그 표현이 큰 몸이 됩니다."

"수보리여, 보살도 또한 이와 같으니, 만약에 '내가 마땅히 모든 중생을 열반에 들게 했다'고 말한다면 곧 보살이라고 표현할 수 없느니라. 왜냐하면 수보리여, 진실로 보살이라고 표현할 고정적인 법이 없기 때문이니라. 이런 까닭에 부처가 이르기를 '모든 법에는 내가 없고 사람이 없으며 중생이 없고 목숨이 없다'고 하느니라. 수보리여, 만약 보살이 '내가 마땅히 불국토를 건설하리라'고 말한다면 이는 보살이라 표현할 수 없나니, 왜냐하면 여래가 설명한 불국토를 건설한다는 것은 곧 건

설 아닌 것을 말함이며, 그 표현이 건설이
기 때문이니라.

수보리여, 만약 보살로서 모든 법에 실체
가 없음을 확실히 깨닫는 사람이라면, 여
래가 '참으로 이 사람은 보살이다'라고 표
현해 말할 것이니라."

어린 시절 불교공부를 시작할 때 깨달으면 인간 세상과는 완전히 다른 특별한 세상으로 갈 것이라고 생각했다. 이것은 처음 마음공부 시작하는 이들이 흔히 상상하는 것이기도 하다.

깨달음이란 객관적으로 보여 줄 수 있는 '정해진 그 무엇'이 아니다. 만일 깨달음이 '정해진 그 무엇'이라면 얼마나 좋겠는가. 부처님께서 당신이 얻은 깨달음을 만나는 사람들마다 나눠 주었을 것이고, 그것은 계속 전해져서 우리도 그것을 물려받을 수 있었을 것이다. 하지만 그것은 불가능하다. 이 사실을 분명히 하기 위해 부처님께서는 당신의 전생 얘기를 가져 오셨다.

석가모니께서 전생에 선혜라는 수행자였을 때 연등불을 만나 '그대는 내세에 부처가 되어 석가모니라고 하리라'라는 예언을 들었다. 이때 연등불은 선혜에게 깨달음의 씨앗을 전해 준 것이 아니다. 연등불은 선혜의 지극한 마음을 본 것이며, 그 마음으로 나아가면 반드시 성불할 것이라는 예언이었다.

부처님께서 얻었다는 깨달음은 무엇인가? 깨달음은 존재가 아니라 경지이다. 마음이 허공처럼 되어 그 무엇도 더 이상 마음을 괴롭힐 수 없는 경지에 도달하셨다는 뜻이다. 그렇기 때문에 깨달은 사람에게는 실제 상황이지만, 깨닫지 못한 사람에게는 실제 상황이 될 수 없다.

그럼 부처님이 불국토를 건설한다는 것은 무엇인가? 그것은 깨닫는 방법을 열어 보인다는 뜻이다. 그것이 곧 부처님의 가르침이다.

부처님의 가르침대로 수행한다면 누구나 허공처럼 자유자재한 경지에 이를 수 있으며, 더 이상 아무런 괴로움이 없게 된다. 깨달은 사람은 특별한 수행법에 의해서만 편안해지는 것이 아니라 일상생활 자체가 편안한 것이다. 이미 모든 괴로움이 소멸되었기에 고요해 번뇌가 없는(寂滅) 열반(涅槃)이며, 그 경지에서 세상을 보면 극락정토인 것이다.

　이 경지에 이른 사람을 참된 보살이라고 하는 것이다.

▲ 중국 낙양 용문석굴의 보살상. 부처님을 왼쪽에서 보필하면서 자기 모습을 다 드러내지 않고 있다. － 2013년 4월 3일 촬영.

一體同觀分 第十八
일 체 동 관 분 제 18

하나의 몸 같은 지혜

▲ 바다에는 상황에 따라 갖가지 파도가 무수히 일어났다 사라진다. 비록 바다에서 파도가 일어나긴 하지만 파도를 바다라고 해서는 안 된다. – 태풍이 왔을 때의 제주도 해변 – 정도스님 촬영.

須菩提 於意云何 如来有肉眼不 如
是世尊 如来有肉眼 須菩提 於意云
何 如来有天眼不 如是世尊 如来有
天眼 須菩提 於意云何 如来有慧眼
不 如是世尊 如来有慧眼 須菩提 於
意云何 如来有法眼不 如是世尊 如
来有法眼 須菩提 於意云何 如来有
佛眼不 如是世尊 如来有佛眼 須菩
提 於意云何 如恒河中所有沙 佛說
是沙不 如是世尊 如来說是沙 須菩
提 於意云何 如一恒河中所有沙 有
如是沙等恒河 是諸恒河所有沙數佛
世界 如是寧爲多不 甚多世尊 佛告
須菩提 爾所國土中 所有衆生 若干

種心 如來悉知 何以故 如來說諸心
皆爲非心 是名爲心 所以者何 須菩
提 過去心不可得 現在心不可得 未
來心不可得

"수보리여, 그대의 생각에는 어떠한가?
여래에게 육체의 눈(肉眼)이 있겠느냐?"
"그러하옵니다. 세존이시여. 여래께는 육
체의 눈이 있습니다."
"수보리여, 그대의 생각에는 어떠한가?
여래에게 하늘의 눈(天眼)이 있겠느냐?"
"그러하옵니다. 세존이시여, 여래께는 하
늘의 눈이 있습니다."
"수보리여, 그대의 생각에는 어떠한가?

여래에게 지혜의 눈(慧眼)이 있겠느냐?"

"그러하옵니다. 세존이시여, 여래께는 지혜의 눈이 있습니다."

"수보리여, 그대의 생각에는 어떠한가? 여래에게 진리의 눈(法眼)이 있겠느냐?"

"그러하옵니다. 세존이시여, 여래께는 진리의 눈이 있습니다."

"수보리여, 그대의 생각에는 어떠한가? 여래에게 부처의 눈(佛眼)이 있겠느냐?"

"그러하옵니다. 세존이시여, 여래께는 부처의 눈이 있습니다."

"수보리여, 그대의 생각에는 어떠한가? 저 갠지스강에 있는 모래알에 대해 내가 애기했었느냐?"

"그러하옵니다. 세존이시여, 여래께서 그 모래알에 대해 말씀하셨습니다."

"수보리여, 그대의 생각에는 어떠한가? 저 한 갠지스강에 있는 모래알, 그러한 모래알 수와 같은 갠지스강이 있고, 이 모든 갠지스강에 있는 모래알 수의 부처 나라가 있다면 이것을 많다고 하겠느냐?"

"매우 많습니다, 세존이시여."

부처님께서 수보리에게 말씀하셨다. 그렇게 많은 나라에 있는 중생의 갖가지 마음을 여래가 다 아느니라. 왜냐하면 여래가 말한 모든 마음이란 모두가 마음 아닌 것을 설함이며 그 표현을 마음이라고 하기 때문이니라. 무슨 까닭이겠느냐? 수보리여, 과거의 마음도 찾을 수 없고, 현재의 마음도 찾을 수 없으며, 미래의 마음도 찾을 수 없느니라."

제18분에서는 모든 중생이 여래와 같은 성품을 지녔고(一體) 또한 여래와 같은 지혜를 쓸 수 있음(同觀)을 밝혔다. 근본의 자리(本體)를 깨달으면 그렇다는 것이다.

사람들은 평등한 근본의 자리와 차별적 현상이 다르다는 것을 무시하는 바람에, 근본 자리에서 아득히 멀어져 있는 자신의 현재 모습이 부처와 같다고 착각하기도 한다. 부처님은 현재의 부처이고 중생은 미래의 부처이다. 미래의 부처란 수행을 통해서 언젠가 깨닫게 되면 비로소 부처가 된다는 뜻이다.

부처님께서는 수보리존자와 여래의 다섯 가지 안목에 대해 말씀하셨다. 이것은 최후의 안목까지 갖춘 상태가 부처라는 것을 일깨우기 위함이다.

다섯 가지 안목이란 (1)앞에 있는 사물을 보고 느끼는 육체의 눈(肉眼) (2)세상의 이치를 꿰뚫어 보는 하늘의 눈(天眼) (3)스스로 어리석음에서 완전히 벗어난 지혜의 눈(慧眼) (4)지혜와 자비로 중생을 살피는 진리의 눈(法眼) (5)맑고 큰 거울처럼 어떤 차별도 없이 중생과 세상을 낱낱이 보는 부처의 눈(佛眼)이다. 이 다섯 가지 안목을 언급하신 것은 평등 속의 차등을 밝히신 것이다. 누구에게나 부처성품(佛性)이 있음은 평등이지만, 현상적으로는 이 다섯 가지 안목 가운데 어디에 이르렀는가에 따라 경지가 달라지고 그에 따라 이름도 달라진다.

부처님께서 다음에 언급하신 것은 갠지스강의 모래알 수와 같은 수많은 부처나라의 중생들, 그 중생들의 갖가지 마음에 대한 것이다.

갠지스강의 모래알 수와 같은 부처나라란 일체 중생의 불성자리이다. 모든 존재에는 본디 부처나라가 있다. 온 우주에 충만한 것이 진리로서의 부처(法身)이며 부처나라이다. 그런데 다섯 가지 안목이 완전히 열리기 전에는 그 부처도 보지 못하고 부처나라도 알지 못한다. 그러므로 부처나라의 중생이라고 했고, 또한 중생의 갖가지 마음이라고 했다. 하지만 그 모든 마음이란 사실 그림자와 같이 일시적으로 생겼다가 사라지는 것으로 실체가 없다. 그래서 부처님은 그 많은 중생의 갖가지 마음을 다 아신다고 하셨다. 부처님께서는 중생들이 사용하는 마음이라는 용어를 사용하셨으나 그 용어가 마음의 본체를 가리킨 것이 아니라 다만 그 표현이 마음임을 밝히셨다. 물거품 같고 환상 같은 망념은 헤아릴 수 없이 벌어지지만, 만약 깨달아 본성을 본다면 모든 중생은 동일하다. 이것이 차등 속의 평등이다.

과거 현재 미래의 마음이란 일어났다 사라지

는 작용을 말한 것으로 청정한 본성에는 과거 현재 미래가 없다. 중생들은 그 작용으로 인해 울고 웃지만, 깨달은 이들은 작용에 끌려다니지 않으므로 늘 여여(如如)하다.

法界通化分 第十九
법 계 통 화 분 제 19

법계를 모두 교화하는 법

▲ 여기 피지 않아도 될 꽃이 있겠는가 − 2016년 5월 27일
스위스 융프라우 오르는 길에서 촬영

須菩提 於意云何 若有人 滿三千大
千世界七寶 以用布施 是人 以是因
緣 得福多不 如是世尊 此人 以是因
緣 得福甚多 須菩提 若福德有實_如
來不說得福德多 以福德無故 如來說
得福德多

"수보리여, 그대의 생각에는 어떠한가?
만약 어떤 사람이 삼천대천세계에 가득한
칠보로써 보시한다면, 이 사람이 그 인연
으로 얻는 복이 많지 않겠느냐?"
"그러하옵니다. 세존이시여. 이 사람이 그
인연으로 얻는 복이 매우 많습니다."
"수보리여, 만약 복덕이 참으로 있다면 여
래가 복덕을 얻음이 많다고 말하지 않겠
지만, 복덕이 없는 까닭에 여래가 얻는 복
덕이 많다고 하는 것이니라."

제19분은 온 우주의 중생(法界)을 모두 교화하는 방법(通化)에 대한 말씀이다. 교화(敎化)란 괴로움으로부터 해탈시키는 것을 뜻하므로, 어떻게 하면 모든 중생을 남김없이 해탈시킬 수 있는가에 대한 가르침이다.

　　이 세상에는 천차만별의 중생들이 있는데, 이들 중생들을 다 교화하는 것이 부처님과 보살님들의 원(願)이며 불제자의 사명이다. 그렇다면 어떻게 이 중생들을 다 교화할 수 있겠는가?

　　불교의 해탈(解脫) 즉 '괴로움으로부터 완전히 벗어나는 것'이라는 이 경지는 해탈하지 못한 이들에게는 참 막연한 말이다. 그래서 어떤 조건에서건 항상 편안하고 자유로운 '영원한 행복'이라는 말로 바꿔 설명해 보기로 한다.

　　만약 풍부한 재물이나 높은 지위로 '영원한 행

복'에 이를 수 있다고 한다면 부자나 고위층이 행복할 것이고, 뛰어난 지식이나 힘으로 '영원한 행복'에 이를 수 있다고 한다면 학자나 힘센 사람이 행복할 것이며, 아름다움이나 젊음으로 '영원한 행복'에 이를 수 있다고 한다면 미인이나 젊은이가 행복할 것이고, 적게 가지거나 가지지 않는 것으로 '영원한 행복'에 이를 수 있다고 한다면 가난한 사람이나 걸인이 행복할 것이다.

이처럼 어느 한쪽에 치우친 현상적인 것으로 행복해지는 것은 부처님께서 펼쳐 보이시려고 했던 영원한 행복인 해탈과 열반이 아니다. 해탈과 열반에 이르는 길에는 어떤 차별이나 치우침이 있어서도 안 된다.

좋은 예가 있다. 부처님의 뛰어난 제자였던 가섭존자는 밥을 얻을 때 항상 가난한 사람들에게 가서 탁발(托鉢)을 했고, 아난존자는 부자들에게 가서 탁발을 했다. 아 사실을 아신 부처님께서는 두 제자를 불러 그 까닭을 물어본즉 가섭은 가난한 사람들에게 복덕을 지을 기회를 주려고 했다는 것이며, 아난은 가난한 사람들은 어렵기 때문에 그들에게 밥을 얻는 것이 그들을 더 힘들게 하는 것 같아 부자들에게 갔다는 것이었다. 이 말을 들은 부처님께서는 '부자거나 가난하거나 지위가 높거나 낮거나 모두가 다 각기 괴로움을 지닌 중생이니 앞으로는 차례대로 탁발하라'고 하셨다.

그렇다면 현상적으로 천차만별인 중생들에게 공통적으로 통용될 수 있는 것은 무엇일까? 그것은 마음이다. 어떤 처지에 있건 마음이 없는 사람은 없다. 뿐만 아니라, 이 마음이라는 것이 가장 중요하다는 것은 앞에서 누누이 설명하였다. 그렇다면 방법은 간단하다. 이 마음을 어떻게 쓰며 어떻게 가꾸는가를 알면 되겠다. 그래서 앞에서는 여섯 가지 실천인 육바라밀을 설명하시어 마음공부를 하라고 말씀하신 것이다.

그런데 위 본문을 보면 부처님께서 일반적 논리로는 이해하기 어려운 말씀을 하셨다. 바로 다음 구절이다.

"만약 복덕이 참으로 있다면 여래가 복덕을 얻음이 많다고 말하지 않겠지만, 복덕이 없는 까닭에 여래가 얻는 복덕이 많다고 하는 것이니라."

일반적으로는 '복이 진짜 있기에 많다고 하는 것이다'고 한다. 그런데 그 반대로 말씀하셨다. 그것은 다음과 같은 이유에서이다. 보시를 하면 당연히 복덕이 생긴다. 하지만 복덕에만 집착하면 절대자유와 영원한 평화로서의 참 생명을 깨닫지 못한다. 그러므로 보시를 깨달음으로 이어가기 위해서는 보시로 인한 복덕이라는 관념이 마음에 남아 있어서는 안 된다. 진짜 보살은 언제나 집착 없는 보시 즉 무주상보시(無住相

布施)를 하기에 복덕이라는 관념이 없으며, 관념이 없는 마음에 지혜가 생겨 사라지지 않기에 '복덕이 많다'고 하신 것이다.

복덕과 지혜는 새의 양 날개와 같아서 한쪽만으로는 날 수 없다. 복덕도 쌓고 지혜도 열리는 수행을 해야만 비로소 진짜 보살이 된다. 그런데 이 모든 것이 마음의 경지인 것이다. 따라서 누구라도 이처럼 마음공부를 하면 모두 행복해진다.

離色離相分 第二十
이 색 이 상 분   제 20

육신과 상호만으로 여래를 볼 수 없다

▲ 이 부처님들의 모습이 흐릿한가? 분명한가? – 인도 아잔
　타 제10굴 벽화 – 2009년 12월 3일 촬영

須菩提 於意云何 佛可以具足色身見
不 不也世尊 如來不應以具足色身見
何以故 如來說具足色身 卽非具足色
身 是名具足色身 須菩提 於意云何
如來可以具足諸相見不 不也世尊 如
來不應以具足諸相見 何以故 如來說
諸相具足 卽非具足 是名諸相具足

"수보리여, 그대의 생각에는 어떠한가? 원만한 몸을 갖추었다(具足色身)고 부처라고 볼 수 있겠느냐?" "아니옵니다. 세존이시여. 원만한 몸을 갖추었다고 여래라고 보아서는 안 됩니다. 왜냐하면, 여래께서 '원만한 몸을 갖추었다'고 말씀하신 것은 곧 원만한 몸 갖춤이 아닌 것을 말씀하심이며, 그 표현이 원만한 몸을 갖추었다는 것이기 때문입니다." "수보리여, 그대의 생각에는 어떠한가? 모든 상호를 갖추었다(具足諸相)고 여래라고 볼 수 있겠느냐?" "아닙니다. 세존이시여, 모든 상호를 갖추었다고 여래라고 보아서는 안 됩니다. 왜냐하면, 여래께서 '모든 상호를 갖추었다'고 말씀하신 것은 곧 갖춤 아닌 것을 말씀하심이며, 그 표현이 모든 상호를 갖추었다는 것이기 때문입니다."

♦

　제20분은 부처님의 진짜 모습을 깨닫게 하려
는 대화이다. 부처님의 모습이란 제자들의 눈
에 보이는 뛰어난 모습의 육신뿐만 아니라 부처
님의 말씀에 깃들어 있는 해탈의 이치 즉 진리
로서의 몸인 법신(法身)까지를 아우르는 것임을
깨닫게 하려는 목적의 대화이다.

　먼저 '원만한 몸을 갖추었다(具足色身)'고 여
래로 볼 수 없다고 수보리 존자의 답을 통해 밝
혔다. 이것은 부처님의 뛰어난 외형적 모습으로
서만 여래라고 해서는 안 된다는 뜻이다. 이 부
분은 부처님의 세 가지 몸 가운데 직접 사람들
과 만나고 있는 화신(化身)에 대한 정리이다. 석
가모니께서 깨달음을 이루신 후 수많은 사람들
과 만났던 45년간 지녔던 바로 그 몸이다. 이를
화신(化身)이라고 하는 이유는 만나는 사람마다

부처님의 모습을 제각기 다른 모습으로 인식했기에, 마치 수많은 몸을 변화하듯 그 대상에 알맞은 모습으로 대하셨다는 뜻이다. 그러니 부처님을 만났던 사람들의 인식 속에는 모두 다른 모습의 부처님이 남아 있게 된 것이다. 그러니 그것만으로 여래라고 단정해서는 잘못이다.

다음으로는 '모든 상호를 다 갖추었다(具足諸相)'고 여래로 보아서는 안 된다고 역시 수보리 존자의 답을 통해서 밝혔다. 이것은 '서른두 가지 훌륭한 모습(三十二相)' 등을 다 갖춘 것으로만 여래라고 할 수는 없다는 뜻이다. 흔히 32상 80종호를 화신불의 특징으로 보거나 또는 불상(佛像)을 조성하기 위해 필요한 특징이라고도 하지만, 그 상징은 오히려 보신(報身)을 설명하는 것이라고 보는 것이 더 적합할 것이다. 보신이란 일반인들과는 다른 '수행에 의해 갖추어진 몸'이라는 뜻이다. 몇 가지 상(相)에 대한 상징을 보자. '미간의 흰 털(眉間白毫相)'은 제3의 눈 즉 깨달음으로 열린 지혜의 눈을 상징하고, '손가락과 발가락 사이에 비단 같은 막이 있다'는 것은 일체중생을 남김없이 제도하겠다는 부처님의 자비를 상징하며, '발바닥이 편평하다'는 것은 이르는 곳마다 늘 평등하게 대함을 상징하고, '혀가 길고 넓다'는 것은 부처님의 말씀이 모든 사람들을 모두 아우르는 가르침이라는 상징으로 볼 수 있다. 이런 것은 오직 수행력에 의해 갖추어진 부처님의 교화능력이다.

수보리 존자의 답에서 보면 "여래께서 그것을 갖추었다고 하는 것은 외형을 갖추었다는 뜻이 아니라 그 표현이 갖추었다고 하는 것이다"라고 했다.

그런데 여기서 생략된 것이 있다. 바로 일체중생에게 있는 불성(佛性)이 깨달음의 본체가 되는 진리 그 자체의 몸인 법신(法身)이다. 부처님께서는 수행에 의해 불성(佛性)이 곧 화신(化身)과 보신(報身)이라는 자유자재한 몸을 갖추셨는데, 그것은 곧 보이지 않는 법신(法身)자리에 닿아 있다. 그런데 중생은 불성(佛性)이 있으나 수행을 닦지 않은 관계로 화신과 보신의 경지와는 거리가 멀다. 그렇기 때문에 화신과 보신도 자기 능력에 따라 부분적으로만 볼 수 있을 뿐이다. 완벽하게 볼 수 있으려면 스스로 깨달아야 하는 것이고, 완전한 깨달음에 이르렀을 때만 법신의 존재도 알게 되는 것이다.

어떤 이들은 "우리가 보는 모든 곳에 부처는 있다. 그러므로 법당에서 부처를 찾지 말라. 법당에는 부처가 없다."라고 했다. 그는 깨닫지 못하고 머리로 부처를 그렸다. 그가 정말 깨달아 모든 곳에서 부처를 볼 수 있었다면 법당에서도 부처를 보았을 것이다. 보신과 화신과 법신은 셋이면서 또한 하나이다.

非說所說分 第二十一
비 설 소 설 분 제 21
설한 것은 설함이 아니다

▲ 스승님은 틀에 박힌 법문을 내게 하지 않으셨다. 그저 늘
함께 하셨다. - 1978년 해제철에 불교문화원 개원 법문을
하신 스승님과 담소하는 장면.

須菩提 汝勿謂如來作是念 我當有所
說法 莫作是念 何以故 若人言如來
有所說法 卽爲謗佛 不能解我所說故
須菩提 說法者 無法可說 是名說法

"수보리여, 그대는 여래가 '내가 설한 진리가 당연히 있다'라고 이런 생각을 한다고 말하지 말라. 그러한 생각을 하지 말지니라. 왜 그러한가? 어떤 사람이 '여래께서 설하신 진리가 있다'고 한다면, 이는 곧 부처를 비방하는 것이 되나니, 내가 말한 참된 뜻을 모르기 때문이니라. 수보리여, 진리에 대해 설한다지만 설할 수 있는 진리가 없으며, 그 표현이 진리를 설한다는 것이니라."

제21분은 부처님께서 깨달음에 이르는 길에 대해 수많은 말씀을 하셨지만 그 말씀 자체를 깨달음이라고 말씀하신 것은 아님을 설명하고 있다.

상대를 이해시키는 데는 말보다 더 편리한 수단도 드물다. 그래서 말은 끝없이 만들어진다. 하지만 말이 가리킨 그 진실(본질)을 보지 못하면 그만큼 오해도 커진다. 오해가 생기면 다시 또 말로 그것을 풀어주려고 한다. 이런 노력의 결과로 이윽고는 팔만대장경이 이루어지고 말았다.

경전 가운데 가장 상반되는 것을 예로 들어보자. 교리 가운데 한결같지 않음(無常)·괴로움(苦)·내가 없음(無我)·더러움(穢, 濁)이 있다. 그런데 한편으로는 한결같음(常)·즐거움

(樂)·나(我)·깨끗함(淨)을 설명하셨다. 단순 비교를 하면 정반대가 되는 용어들이다. 만약 앞과 뒤의 상반되는 것이 그 경지에 따라 설명한 것임을 모르면 어느 한쪽을 부정하게 될 것이다. 실제로 많이 일어나는 일이다. 그런데 실제로는 둘이 상반되는 것이 아니다. 앞의 것은 사람들이 자신의 육체와 인식 등을 영원한 것으로 보거나 진짜 자신으로 집착함으로 인해 괴로움이 생기는 것이기에 집착을 끊게 해서 해탈시키려는 목적으로 설명한 내용이고, 뒤의 것은 깨달았을 때의 법신과 열반을 설명하는 내용인 것이다. 임제선사께서 말씀하신 "가는 곳마다 주인이 되고 있는 곳마다 참답다(隨處作主 立處皆眞)"는 말씀도 바로 깨달음 즉 법신 열반의 경지를 읊은 것이다.

교학을 전문적으로 연구한 이들은 대체로 부처님께서 깨달으신 원리를 연기법(緣起法)이라고 표현한다. 그런데 왜 그 연기법을 설명하는 이들은 해탈하지 못하는 것인가. 번뇌가 왜 생기는 것이며 번뇌는 어떻게 사라지는 것인가 등의 이치가 이 연기법 하나로 다 설명된다고 하지만, 그것을 이론적으로 무수히 설명하면서도 끝없이 번뇌를 일으키고 그로 인해 생기는 자신의 괴로움을 해결하지 못한다. 사실 진리(眞理)라는 것도 이치가 그렇다는 것이지 그 진리를 알고 있는 사람의 경지가 그렇다는 뜻이 아니다.

만약 열심히 수행해서 깨달음에 이른 사람은 부처님의 말씀을 오해하지 않는다. 뿐만 아니라 그 말씀을 앵무새처럼 외워서 전달하려고도 하지 않는다. 자기가 깨달은 경지를 아주 쉬운 말로 그때그때 적절히 구사하는 것이다.

선사(禪師)들의 언어는 상징적이며 함축적이라서 참 오해가 많다. 한국의 선사로는 가장 오해가 심한 것이 성철(性徹)큰스님의 열반송(涅槃頌)이다. 무슨 뜻인지를 살펴보자.

생평기광남녀군(生平欺狂男女群)
미천죄업과수미(彌天罪業過須彌)
활함아비한만단(活陷阿鼻恨萬端)
일륜토홍괘벽산(一輪吐紅掛碧山)
－性撤－
일생 동안에 남녀의 무리를 속였으니,
하늘 가득한 죄업 수미산을 지나치네.
살아 무간지옥 떨어져 한이 만 갈래라,
한 바퀴 붉음 토하며 푸른 산 걸렸도다.
－송강 번역－

큰스님께서는 평생을 사람들을 해탈시키기 위해 많은 법문을 하셨다. 하지만 경지에 이르지 못한 사람들이 "산은 산이요 물은 물이로다"

따위나 흉내 내며, 마치 그게 도인 것처럼 착각했다. 큰스님이 속인 것은 아니로되 결과적으로 그렇게 되었다. 그들이 잘못 생각하여(罪業) 입으로는 흉내를 내지만 그들의 삶을 들여다 보면 살아 있는 그 자체로 '끝없는 고통(avīci, 無間地獄)'을 받고 있으니 참으로 한스럽다. 하지만 '붉은 해가 푸른 산에 걸린 도리'를 깨달으면 곧바로 괴로움에서 해탈할 수 있을 것이라고 하시어 마지막 길을 열어 주셨다.

부처님께서는 '여래께서 설하신 진리가 있다'고 한다면 이는 곧 부처를 비방하는 것이 된다고 하셨다. 깨달은 사람은 여래의 마음을 곧바로 알아 미소 지을 것이고, 깨닫지 못한 사람은 말만 왜곡시켜 오해를 키우기 때문이다. 그래서 "말로 설명해서 전달해 줄 수 있는 진리는 없다"고 하신 것이다.

爾時 慧命須菩提白佛言 世尊 頗有
衆生 於未來世 聞說是法 生信心不
佛言 須菩提 彼非衆生 非不衆生 何
以故 須菩提 衆生衆生者 如來說非
衆生 是名衆生

그때에 혜명 수보리가 부처님께 사뢰어
말씀드렸다. "세존이시여, 먼 훗날에 이
가르침을 듣고 믿음의 마음을 내는 약간
의 중생이라도 있겠습니까?"
부처님께서 말씀하셨다. "수보리여, 그들
은 중생이 아니며 중생 아닌 것도 아니니
라. 왜냐하면 수보리여, 중생 중생이라 하
는 것은 여래가 중생 아닌 것을 설함이며,

그 표현이 중생이기 때문이니라."

▲ 거울 속의 영상도 환화이고 거울 밖의 불상도 환화이다.
그럼 어디를 향해 예불한 것인가. – 스톡홀름 쉐라톤 호텔
에서 예불을 올리기 위해 헌향한 사진. – 2017년 6월 17일

제21분의 후반부 대화를 보면 부처님 당시의 제자들에 대한 기록들을 생각나게 한다.

경전에서는 부처님의 말씀을 들은 이들이 곧바로 깨달음에 이르렀다는 표현들이 많이 등장한다. 이것은 경전에서 결과를 곧바로 보이기 위해 과정을 많이 생략한 것이다. 많은 경전에서 짧게 설명되는 여러 기록들을 퍼즐 맞추듯이 종합해 보면 부처님의 교화가 결코 쉽게 이루어지지 않았음을 알 수 있다.

석가모니부처님께서 가장 교화하기에 적합하다고 판단하셨던 최초 5비구만 하더라도 곧바로 깨달은 것이 아니었다. 부처님의 자상한 설명에도 불구하고 그들이 중도(中道)의 이치를 깨닫는 데 수개월이나 걸린 듯하다. 그들은 이미 네란자라강(尼連禪河) 유역에 있는 고행림(苦行

林)에서 싯다르타와 6년을 함께 수행한 경험이 있다. 그러나 그들은 고행 중심의 생각에서 벗어나지 못했기에 녹야원으로 떠나갔고, 다시 만난 부처님의 자상한 설명을 듣고도 중도(中道)를 깨닫는 것이 쉽지 않았던 것이다.

석가모니부처님은 45년간의 교화 기간 중에 무시당한 일이 매우 많다. 어떤 이들은 깨달았다는 석존의 말씀을 듣고는 비웃으며 놀리기까지 하였다. 뿐만 아니라 부처님을 곁에서 모시던 제자 가운데는 바른 스승이라는 확신이 들지 않는다는 이유로 떠나기도 했다. 데바닷타(Devadatta)는 사촌동생이며 제자였지만 교단을 차지하기 위해 부처님을 살해하려는 시도까지 했고, 결국 출가한지 얼마 되지 않은 이들을 꾀어 새로 교단을 만들기까지 하였다.

"먼 훗날에 부처님의 가르침을 믿는 마음을 내는 사람이 과연 있기나 할까요?" 라는 수보리

존자의 질문에는 바로 그 교화의 어려움이 은연 중에 보인다.

부처님의 모습을 직접 눈으로 보며 그 음성을 직접 들으면서도 믿지 않는 이들이 많은데, 과연 부처님의 모습을 볼 수 없고 부처님의 음성을 들을 수 없는 뒷 훗날에는 어떠할까? 과연 경전을 통해서 부처님에 대한 믿음을 내는 중생이 있을까?

이에 대한 부처님의 답은 좀 뜻밖이다. "수보리여, 그들은 중생이 아니며 중생 아닌 것도 아니니라. 왜냐하면 수보리여, 중생 중생이라 하는 것은 여래가 중생 아닌 것을 설함이며, 그 표현이 중생이기 때문이니라." 우문현답(愚問賢答)이란 이런 것이다.

중생이라는 말은 어리석은 사람이라는 뜻이므로 어리석음만 극복하면 중생이 아니며, 어리석음 즉 번뇌에도 정해진 시기가 있는 것도 아니므로 언제든지 번뇌에서 벗어날 수 있다. 우리의 본마음은 맑고 깨끗하여 더럽혀지지 않는다. 마치 다이아몬드가 진흙 속에 있다고 할지라도 다이아몬드 그 자체가 더럽혀지는 것은 아닌 것과 같다. 중생 속의 불성도 그와 같다. 이것을 알고 믿는 것이 신심(信心)이다.

그렇다면 '중생 아닌 것이 아니다(非不衆生)'는 말은 무엇인가? 다이아몬드가 진흙 속에 있을 때는 본래의 깨끗한 모습이 진흙에 감춰져 있다. 이 경우 그 진흙덩어리 속에 다이아몬드가 있다는 사실을 믿지 않는 사람의 눈에는 그저 진흙덩어리로만 보인다. 중생 속에 불성이 있음을 믿지 않는 사람의 눈에는 그저 중생의 모습만 보인다.

믿음이란 부처님의 몸과 그 음성을 믿는 것이 아니라 맑은 마음으로 바른 이치를 따르는 것을 뜻한다. 그러므로 먼 훗날이라고 해도 마음이 맑은 상태에 있는 사람들은 부처님을 믿고 그 가르침대로 수행하여 반드시 해탈한다.

중생이니 부처니 불법(佛法)이니 하는 것도 모두가 깨달음을 위한 안내 표시일 뿐이다.

無法可得分 第二十二
무 법 가 득 분 제 22

얻을 수 있는 진리가 없다

▲ 해인사 법보전(장격각)은 밤 포행에 최적이다. 사진의 담 너머로 보이는 1978년 선원이었던 퇴설당에서 돌계단을 통해 올라와 늦은 밤 포행을 하면 적멸도량(寂滅道場)이 따로 없었다. 그땐 언어 너머의 세상이었다. — 정도스님 촬영

須菩提 於意云何 如來得阿耨多羅三
藐三菩提耶 須菩提言 不也世尊 無
有少法如來得阿耨多羅三藐三菩提
佛言 如是如是 須菩提 我於阿耨多
羅三藐三菩提 乃至無有少法可得 是
名阿耨多羅三藐三菩提

"수보리여, 그대의 생각에는 어떠한가? 여래가 가장 높고 바르며 원만한 깨달음을 얻었느냐?"

수보리가 말씀드렸다. "아닙니다. 세존이시여, 여래께서 가장 높고 바르며 원만한 깨달음을 얻은 어떠한 법도 없습니다."

부처님께서 말씀하셨다. "옳고 옳다. 수보리여, 내가 가장 높고 바르며 원만한 깨달음에서 이에 어떠한 법도 얻을 수 없으니, 그 표현이 가장 높고 바르며 원만한 깨달음이니라."

제22분은 깨달음의 실체가 정해진 것이 없어서 밖으로부터는 얻을 수 없다는 데에 대한 설명이다.

사실 깨달음이 무엇인가에 대한 의문은 모든 출가자가 풀어야 할 절체절명의 과제이다. 출가의 최우선 목표가 깨달음이기 때문이다. 그래서 출가 수행자는 선지식을 만나면 대부분 깨달음이 무엇이냐고 묻는 것이지만, 선지식은 결코 지식으로 설명해 주지 않는다. 선지식들은 이해하기도 어려운 답을 던져 주는데, 사실 답이라는 것이 또 하나의 의문이 된다. 그것은 머리로 이해할 수 없는 답을 온몸과 마음으로 풀어야 한다는 뜻이다. 이것을 화두(話頭) 즉 큰 의심이라고 하는 것이다.

여러 경전을 살펴보면 싯다르타 태자는 천재

그 이상이었다. 당시 인도 최고의 스승들이 싯다르타를 몇 개월간 지도하면 더 이상 가르칠 것이 없었다고 전한다. 싯다르타 태자가 생사(生死)에 대해 큰 의심을 품게 된 것도 십 대 초반이었다. 하지만 당시 최고의 학문들도 싯다르타가 의심을 푸는 데 아무 도움이 되지 못했다. 그래서 결국 출가하여 스스로 그 답을 찾아야 했다.

지금은 어떤가? 부처님을 비롯한 위대한 스승들의 말씀을 기록한 팔만대장경을 모두 외우면 생사(生死)를 해탈할 수 있을까? 가령 대장경을 다 외운다고 해도 스스로 정진해서 대장경에서 설명한 그 경지에 이르지 못하면 아무 소용이 없다. 젊은 시절 팔만대장경을 모두 살펴봤지만, 역시 의심은 내 스스로가 풀어야 했다. 그래서 재가불자가 경전 공부하는 법을 내게 물으면 여러 경전을 공부할 것이 아니라 한 가지 경전을 자기 것으로 만들라고 조언해 준다. 물론 스승 역할을 할 출가 수행자는 수많은 것을 섭렵해야 하지만 재가자는 그럴 필요가 없는 것이다.

목수의 기본은 집을 잘 짓는 것이다. 만약 목수가 이론에 밝고 설계도를 기막히게 잘 그린다고 해도 그가 직접 집을 지을 수 없다면, 자기 집도 남의 도움을 받아야 하니 진짜 목수라고 할 수는 없다. 그러나 만약 지도자가 되어 남을 지도하려고 한다면 집도 물론 잘 지어야 하지만, 또한 뛰어난 이론을 갖춰야 하고 설계도도 정확하게 그릴 수 있어야 한다. 집을 지을 수 없는 목수는 다만 이론가일 뿐이고, 집을 짓는 솜씨와 이론까지 겸한 목수는 선지식이라고 할 수 있다.

『유식론(唯識論)』은 인간의 심리를 가장 세밀하게 분석한 불교의 심층심리학이다. 이『유식

론(唯識論)』에서 갖가지 인식작용(心所)과 인식
주체(心王)로서의 눈·귀·코·혀·살갗의 다
섯 가지 식(識), 제6 의식(第六意識), 제7 말나
식(第七末那識), 제8 아뢰야식(第八阿賴耶識)을
설명하고 있는 것은 오직 깨달음을 돕기 위해서
이다. 그러므로 오위백법(五位百法)이라는『유
식론(唯識論)』의 조직을 아무리 외워도 깨달음
은 아닌 것이다. 이『유식론(唯識論)』에서 설명
한 네 가지 지혜야말로 깨달음을 스스로 점검할
수 있는 핵심이다. 모든 것을 이룰 수 있는 성소
작지(成所作智), 안팎으로 전개되는 것에 대해
모두 아는 묘관찰지(妙觀察智), 모든 존재의 성
품이 평등함을 아는 평등성지(平等性智), 세상
모든 것을 남김없이 비춰 보는 대원경지(大圓鏡
智)가 발현되어야 비로소 큰 깨달음(大覺)이라
고 한다. 이것을『금강경』에서는 가장 높고 바르
며 원만한 깨달음(阿縟多羅三貘三菩提)이라고

했다. 이 깨달음은 오직 자신의 본성자리를 밝혔을 때만 나오는 것이지, 바깥 세상 그 어디에도 존재하지 않는 것이다. 그러므로 부처님께서 깨달음은 그 무엇도 밖으로부터 얻을 수 없다고 하신 것이다.

자유와 평등까지도 투쟁하여 얻는 것이라고 생각하는 사람들이 있는 듯하다. 그것은 계급적 입장에서의 자유와 평등일 뿐 진정한 자유와 평등은 아니다. 참된 자유와 평등은 스스로의 마음이 깨달음의 지혜로 가득할 때만 가능한 것이다.

淨心行善分 第二十三
정 심 행 선 분 제 23

맑은 마음으로 좋은 법을 실천하라

▲ 중국 허난성(河南省) 덩펑시(登封市) 쑹산(嵩山) 소림사
(少林寺) 내의 서방성인전(西方聖人殿) 벽면에 있는 인도
고승들의 전법도(傳法圖) 부분. - 2013년 4월 4일 촬영.
일반인들은 내부에 들어갈 수 없고 사진 촬영도 할 수 없
음.

復次須菩提 是法平等 無有高下 是
名阿耨多羅三藐三菩提 以無我無人
無衆生無壽者 修一切善法 卽得阿耨
多羅三藐三菩提 須菩提 所言善法者
如來說非善法 是名善法

"그리고 또 수보리여, 이 진리는 평등하여 높고 낮음이 없기에 가장 높고 바르며 원만한 깨달음이라 표현하는 것이니라. 나라는 관념도 없고 사람이라는 관념도 없으며 중생이라는 관념도 없고 목숨이라는 관념도 없이 온갖 좋은 일을 실천하면 곧 가장 높고 바르며 원만한 깨달음을 얻게 되는 것이니라. 수보리여, '좋은 법'이라 하는 것은, 여래가 좋은 법 아닌 것을 설함이며, 그 표현이 '좋은 법'인 것이니라."

제23분은 가장 높고 바르며 원만한 깨달음에 이르는 길을 제시하고 있다.

불교를 공부하는 사람들에게 가장 당혹스러운 것은 기존의 것들을 무너뜨려야 하는 일이다. 불교지도자는 대체로 "집착하지 말라" "놓아 버려라" "그것이 가장 중요한 일은 아니다"라고 하면서, 이제까지 배우고 익혀 소중하게 생각하는 것들을 무시해 버린다. 그렇다면 그보다 더 훌륭하고 멋진 목표를 설정해 주어야 하는데, 그와 반대로 자기 자신 속에 가장 중요한 것이 있다고 한다. 그래서 자신을 돌이켜 보니 엉망인지라 실망만 커져 간다. 도대체 어쩌란 말인가? 사람들의 이런 심리 때문에 대부분의 종교가 절대적으로 매달릴 어떤 대상을 설정해 준다. 신흥종교나 사교(邪敎)일수록 바른 판단을 할 시간 여유를 주지 않고 무언가에 의지하게 만든다.

근육 주사를 놓을 때 다른 곳을 때리면서 주사를 꽂는다. 이는 바늘이 들어갈 때의 긴장을 다른 곳으로 쏠리게 하여 아픔을 모르게 하는 것으로, 신경 계통에 속임수를 쓰는 것이다. 신경 계통을 속이는 가장 강한 것이 마약이다. 때로는 의사들이 심한 통증에 부득이 처방하기도 하지만, 이 마약에 중독되면 벗어나기가 정말 어렵다. 그런데 마약보다 더 강렬하게 인간을 마취시키는 것이 있으니 바로 관념이다. 어떤 관념이든 세뇌(洗腦)가 되면 평생 그 관념의 노예가 될 가능성이 높다.

부처님의 깨달음을 '가장 높고 바르며 원만한 깨달음'이라고 표현하는 이유는 무엇인가? 부처님께서 스스로 답하시길 '평등하여 높고 낮음이 없기 때문'이라고 하셨다. 그렇다면 '가장 높다'

는 표현을 왜 썼을까? 그 표현은 그 어떤 가르침보다 뛰어나다는 뜻이다. 즉 모든 생명이 근본적으로 평등하기에 누구나 노력하면 부처님과 같은 깨달음을 성취할 자격을 가지고 있음을 깨우쳐 준 것이기에 최고라고 한 것이다.

깨달음이 누구에게나 평등하다고 해서 그냥 가만히 있는 그대로 똑같다는 말은 아니다. 본질적으로는 모두 평등하지만 수행에 따라 본성과 하나가 된 사람과 그렇지 못한 사람이 있다. 그러므로 본성과 하나가 되기 위한 노력이 반드시 필요한 것인데, '마음을 맑게 하여 좋은 일을 하는 것'이 바로 그 노력(수행)이라는 것이다.

마음(心)이란 성품(性)과는 좀 다르다. 성품의 입장에서는 모두가 평등하지만, 마음은 성품으로부터 움직여진 상태이므로 사람에 따라 차별이 생기게 된다. 성품(本性)에는 감정이나 관념의 개입이 없지만, 마음에는 이런 것들이 뒤섞이게 된다. 따라서 감정이나 관념의 때를 벗겨 버리는 것이 마음을 맑게 하는 수행이다. 맑은 마음을 더럽히는 것 중에서 가장 독성이 강한 것이 자기중심적 착각이며(我相), 만물의 영장이라는 인간의 우월감이며(人相), 못난이라는 패배의식이며(衆生相), 어떻게든 살기만 하면 된다는(壽者相) 등의 관념이다. 그렇기 때문에 먼저 이러한 관념에서 벗어나야 하고, 그런 후에 좋은 일을 하면 된다.

관념을 벗어난 청정한 마음으로 행하는 '좋은 일'이란 선악을 초월하여 깨달음으로 나아가게 하는 '좋은 일'이다. 이 '좋은 일'은 어떤 행위로 규정되지 않는다. 아무리 좋고 칭찬받는 일이라도 해탈로 나아가지 않는다면, 그 결과가 괴로움으로 이어지므로 결코 좋은 일이 아니다. 얼핏 보면 좋지 않은 일 같으나 그 결과가 해탈로 이어지는 것은 좋은 일이다.

　이러한 이치로 부처님께서는 행위 그 자체로 본 좋은 일을 말씀하신 것이 아니라, 결과가 깨달음으로 이어지는 것을 '좋은 일'이라고 말씀하신 것이다.

福智無比分 第二十四
복지무비분 제24

복과 지혜는 견줄 수 없는 것

▲ 인도 산치대탑에 있는 부처님의 발자국 – 부처님은 복된
국왕의 자리를 버리고 맨발로 지혜의 길을 가셨다.
– 2009년 12월 4일 촬영

須菩提 若三千大千世界中 所有諸須
彌山王 如是等七寶聚 有人 持用布
施 若人 以此般若波羅蜜經 乃至四
句偈等 受持讀誦 爲他人說 於前福
德 百分不及一 百千萬億分 乃至算
數譬喻 所不能及

"수보리여, 만약 삼천대천세계 가운데에 있는 모든 수미산왕과 같은 칠보 무더기를 어떤 사람이 가져 보시한다고 하자. 또 만약 어떤 사람이 이 반야바라밀경에서 사구게 등이라도 받아 지니고 읽고 외우며 다른 사람을 위해 설명해 준다면, 칠보로 보시하는 복덕은 경을 받아 지니고 읽고 외우며 다른 사람을 위해 설명하는 것의 백분의 일에도 미치지 못하며, 백천만 억분의 일에도 미치지 못할 뿐더러 나아가 어떤 숫자로 헤아리는 비유로도 미치지 못할 것이니라."

◈

제24분은 사람들이 그토록 갖길 원하는 복과 수행자의 목표인 깨달음의 지혜가 어떻게 다른지를 설명하고 있다.

사람들은 누구나 복된 삶을 바란다. 그럼 어떤 삶이 복된 것일까? 동양에서 생각한 복은 유교(儒教)『서경(書經)』「홍범편(洪範篇)」과 「통속편(通俗編)」에 오복(五福)으로 정리된 것이 있다.

먼저 「홍범편(洪範篇)」에는 (1)오래 사는 것(壽), (2)부유하고 풍족하게 사는 것(富), (3)건강하게 사는 것(康寧), (4)덕을 좋아하여 즐겨 행하는 것(攸好德), (5)제 명대로 살다가 편안하게 죽는 것(考終命)의 다섯 가지 복을 열거했다.

다음 「통속편(通俗編)」에는 (1)오래 사는 것(壽), (2)부유하고 풍족하게 사는 것(富), (3)귀하게 사는 것(貴), (4)건강하게 사는 것(康寧), (5)자손을 많이 두는 것(子孫衆多)을 다섯 가지 복이라고 했다.

위의 내용을 정리해 보면 귀하고 풍족하게 오래 건강하게 살면서 다른 사람들에게 덕을 베풀고, 자손을 많이 두는 사람이 가장 복된 사람이라고 할 수 있다.

불교에서는 복을 선한 행위(善業)의 좋은 과보(果報)로 본다. 좋은 일을 많이 한 사람은 그 선행의 결과로 복을 누린다는 것이다. 그런데 이것을 인정하지 않는 이들이 많다. 분명 나쁜 일을 계속하는데도 그가 잘 산다는 것이다. 이것은 인과가 결코 단순한 것이 아님을 잘 모르기 때문에 벌어지는 오해이다.

나쁜 일을 계속하는데도 그가 잘 사는 듯 보이는 것은 현상의 인과가 시차를 두고 나타나기도 하기 때문이다. 그가 잘 사는 듯 보이는 것은 먼 옛날의 선행의 결과가 지금 나타나고 있는 것이고, 현재의 악행에 대한 과보는 과거의 복이 다할 때 나타나기 때문이다. 그러므로 현재의 악행에 대한 결과는 그 과보를 받지 않는 것이 아니라 시차를 두고 나중에 받게 되는 것이다. 하지만 그것과 별개로 마음의 인과는 현상의 인과와 달리 빠르게 마음속 괴로움으로 즉시 나타나기도 한다.

불교에서는 복을 목표로 삼지 않는다. 복은 선행으로 쌓인 결과인 만큼 모아 둔 복을 다 쓰면 복 없는 사람으로 추락하게 된다(福盡墮落). 그래서 복만으로는 생사윤회의 괴로움에서 벗어날 수가 없다. 비록 가르침 가운데 복을 지어(作福) 복을 베풀라(施福)는 말씀이 있긴 하지만, 그것도 무주상보시(無住相布施) 즉 어떤 보상이나 명예 등을 바라지 않는 베풂을 통해 공덕으로 바꿔야 한다고 강조한다. 공덕(功德)이란 깨달음으로 나아가는 추진력과도 같다.

달마대사께서 중국으로 건너오셨을 때 양나라 무제(蕭衍, 464~549)를 만나게 되었는데, 그때의 대화를 통해 복과 공덕의 차이를 살필 수 있다.

〈무제〉"내가 오래 불사한 공덕이 얼마나 되겠습니까?"

〈달마〉"천상에 태어날 복은 되나 공덕은 없습니다."

양나라 무제는 수많은 불교경전을 간행하고 무수한 절을 지었으며 엄청난 스님들이 어려움 없이 수행할 수 있도록 하였고, 그 결과로 불교가 널리 전파될 수 있었다. 그래서 사람들은 무제를 불심천자(佛心天子)라고 존칭했다. 그가 자기의 공적을 달마대사에게 인정받고 싶었던 것은 인간적인 바람이었을 것이다. 달마대사도 그 점을 인정하여 천상에 태어날 복은 된다

고 하였다. 하지만 부처님의 가르침을 얼마만큼
자기의 경지로 만들었느냐 하는 것은 다른 문제
이다. 천상에 태어나는 것은 육도윤회에 속하니
생사해탈은 아니다. 그래서 공덕은 없다고 했
다.

◆

불교에서 말하는 지혜란 어떤 것인가?

흔히 지식이 풍부한 사람을 지혜로운 사람이라고도 하는데, 이 경우의 지혜는 불교에서 말한 지혜와 다르다. 해박한 지식이나 다양한 삶의 경험이 있는 사람이라도 불교에서는 그를 지혜롭다고 하지 않는다. 만약 팔만대장경을 다 외우면서도 깨닫지 못한 이가 있다면, 기억력이나 노력이 남다르다고 할 순 있지만 지혜가 뛰어난 사람이라고 하진 않는다. 뿐만 아니라 논리에 뛰어난 사람도 지혜롭다고 하지 않는다. 만약 경전의 내용을 다 외우면서 그것을 논리적으로 설명하는 사람이 있다면, 영리한 사람인건 분명하나 지혜로운 사람이라고 하긴 어렵다. 어리석은 이는 부처님 말씀도 시비분별의 대상으로 삼지만, 지혜로운 이는 모든 것을 방편으로 삼아 자신과 남을 동시에 편안케 한다. 지식은 밖으로부터 받아들여 인식 세계에 채운 것이지만, 지혜는 텅 빈 마음에서 필요할 때마다 나타났다가 사라지는 것이다.

지식이란 엄격히 말해 과거에 속한다. 이미 과거에 많이 일어났던 일이었거나 또는 과거에 연구했던 결과들이다. 만약 교육이 오늘날처럼 지식 많이 암기하고 이해하는 데 치우친다면, 그리고 그 성과를 시험이라는 제도를 통해 확인하는 것으로 대학진학이나 사회진출을 결정한다면, 뛰어난 지식인을 배출할 수는 있을 것이다. 하지만 우리의 삶이 그 지식 안에 속한 것은 아니다. 우리의 삶은 언제나 미래를 열어 가는 것이지, 과거를 되풀이하는 것이 아니기 때문이다. 우리가 만나는 미래는 지식으로 해결할 수 있는 경우도 많긴 하지만 해결하기 어려운 일이 더 많다. 그것을 보다 현명하게 해결하려면 지혜가 필요한 것이다.

지혜란 낯선 상황에 대해 직관적으로 분석하고 통합하여 결론을 내릴 수 있는 능력이다. 그렇기 때문에 당말(唐末)의 운문 문언(雲門文偃) 선사는 지혜로운 이의 삶을 일일시호일(日日是好日) 즉 '나날이 다 좋은 날'이라고 표현했다. 만약 지식만 있는 사람이라면 나날이 다 좋을 수가 없다. 지식으로 풀 수 없는 상황이 벌어지면 당연히 싫어하거나 괴로워하게 되며, 또한 그 지식으로 인해 시비분별하고 다투는 일이 많을 것이다. 하지만 지혜로운 이는 어떤 상황이건 가장 적절한 대응을 하기에 언제나 좋은 결론에 이르는 것이다. 이것을 중도(中道)라고도 한다.

불교의 수행 목적은 해탈에 있는데, 괴로움으로부터 자유로워지는 것을 해탈이라고 한다. 괴로움에 이르게 하는 수많은 번뇌가 있지만 가장 근본이 되는 번뇌는 지혜 없는 어리석음(癡)이다. 어리석기에 과도한 탐욕(貪)을 일으키고, 그것이 뜻대로 되지 않기에 분노(瞋)에 휩싸인다. 만약 분노에 휩싸인 사람이라면 이미 자신을 제어할 수 없는 상태에 빠졌다. 어떤 이들은 그럴 경우 그 분노를 바라보라고 말한다. 하지만 이미 자신이 어떤 상황을 감당할 수 없어서 분노에 휩싸인 것이기에, 분노를 바라봐서는 결코 그 분노에서 벗어나기 어렵다. 지혜로운 이는 왜 화를 내게 되었는지를 살펴보라고 조언한다. 조언대로 원인을 찾다 보면 결국 자신과 마주하게 되고, 스스로 자신의 감정에 끌려가면서 분노에 휩싸이게 되었음을 알게 된다. 그 경우 이미 일어난 일을 없었던 것으로 할 수는 없겠지만, 화를 낸 감정을 일어나기 전의 상태로 되돌릴 수는 있다. 이것이 지혜로운 이가 알려 주는 해법이다. 하지만 이것을 이해했다고 해서 지혜로워지는 것은 아니다. 지혜로운 이는 애초에 분노에 휩싸이지 않는다.

복은 좋은 언행을 한 결과로 만들어진 것이다. 비유컨대 많은 노력으로 크고 작은 그릇에 물을 받아 놓은 것과 같다. 비록 그 물이 많다고 해도 쓰다 보면 없어진다. 만약 복을 깨달음으로 나아가는 수단으로 쓰게 된다면 공덕이 되겠지만, 쓰는 재미에 빠지면 윤회를 되풀이하게 된다.

지혜란 마치 땅에서 솟구치는 샘물과 같은데, 『금강경』의 가르침은 본성(本性)이라는 땅에서 지혜의 샘을 찾도록 도와준다. 쓸수록 줄어드는 그릇의 물과 같은 것이 복이라면, 끝없이 솟는 샘물과 같은 것이 『금강경』의 지혜이다. 복으로는 해결할 수 없는 것도 지혜로는 해결할 수 있다. 그래서 복(福)과 지혜(智)는 비교할 수 없는 것이다.

▲ 중국 운문산 대각선사(大覺禪寺)에 모셔져 있는 운문 문
언선사 진영. 깨달은 이의 삶을 '나날이 좋은 날(日日是好
日)'이라고 갈파하셨다. – 2012년 4월 10일 촬영

化無所化分 第二十五
화 무 소 화 분   제 25

교화하되 교화된 중생이 없다

▲ 인도 쿠시나가르에 있는 로터스 닛코 호텔(Lotus Nikko Hotel)의 그림 – 2017년 2월 19일 촬영

須菩提 於意云何 汝等勿謂如來作是
念 我當度衆生 須菩提 莫作是念 何
以故 實無有衆生如來度者 若有衆生
如來度者 如來則有我人衆生壽者

수보리여, 그대의 생각에는 어떠한가? 그대들은 "여래께서 '내가 마땅히 중생을 제도했다'는 생각을 낸다"고 말하지 말지니라. 수보리여, 그렇게 생각해서는 안 되느니라. 왜냐하면 실제 여래가 제도한 중생이 하나도 없기 때문이니라. 만일 여래가 제도한 어떤 중생이 있다고 한다면, 이는 여래에게 곧 나에 대한 집착·사람에 대한 집착·중생에 대한 집착·목숨에 대한 집착이 있게 되는 것이니라.

제25분의 앞부분 설명은 대승정종분(大乘正
宗分) 제3에서 '보살의 요건'으로 자세히 밝힌
내용보다 한 단계 깊어진 것이다. 대승정종분
제3에서는 다음의 요지를 말씀하셨다. 즉 대승
보살은 모든 중생을 해탈시킬 목표를 세우고 수
행하여 중생을 해탈시켜야 한다. 그러나 해탈시
킨 후에는 해탈시켰다는 생각이 있어서는 안 된
다. 만약 중생을 해탈시켰다거나 좋은 일을 했
다는 생각이 있다면 아직 중생의 범주를 벗어난
것이 아니므로 보살이라고 할 수 없다고 한 것
이다.

여기 제25분에서는 여래의 중생제도에 대한
정리이다. 우리는 흔히 "부처님께서 중생을 제
도(濟度-해탈시킴)하셨다"고 표현한다. 만일 이
말이 맞는 것이라면 중생을 제도시키는 주체가

부처님이 된다. 그렇게 되면 중생이 수행하지 않더라도 부처님께서 해탈시킬 것이므로, 중생들은 무조건 부처님께 매달리면 된다. 그렇다면 불교도 유일신을 믿는 다른 종교와 차이가 없어진다.

불교는 수행의 종교이다. 자신이 직접 수행하여 해탈하는 것이 불교의 핵심이다. 그럼 불보살이나 선지식이 중생을 교화한다는 말은 무엇을 뜻하는가? 교화(敎化)란 가르치고 인도하여 스스로 변하게 도와준다는 의미이다. 하지만 아무리 도우려고 해도 스스로 변화할 마음이 없고 노력하지 않으면 아무 소용이 없다. 그러므로 만약 누군가가 해탈했다면 선지식의 도움이 있었다고 하더라도 해탈은 해탈한 자의 공이며 몫이다.

부처님은 매우 풍요로운 큰 숲과 같다.

숲에는 맑은 공기와 깨끗한 물과 풍성한 먹을

거리 등이 있다. 커다란 숲은 맑은 에너지로 가득하다. 그러므로 숲에 들어간 사람이라면 그 맑은 에너지의 도움을 받아 몸의 기운이 맑아지고 강해질 것이다. 목이 마르면 물을 마시면 되고 배가 고프면 과일이나 약초 등을 캐어 먹으면 된다. 오래 머물고 싶으면 집을 지어 살면 된다. 맑은 에너지는 부처님의 지혜와 같고 맑은 물은 자비와 같으며, 많은 먹을거리는 가피와 같고 집을 지을 수 있는 것은 공덕과 같다. 그러므로 크고 풍요로운 부처님의 숲에 든 사람은 스스로가 노력만 한다면 비록 바라지 않는다고 할지라도 이 모든 것의 혜택을 누릴 수 있다.

하지만 만약 누군가 멀리서 숲을 향해 맑은 에너지를 보내 달라고 간절히 빌고만 있다면 무슨 소용이 있겠는가. 간접적으로도 다소의 공기와 물 등의 혜택이 주어지긴 하지만 숲에서부터 멀어질수록 공기도 점차 탁해지고 물도 점점 오염되는 것이다. 숲은 가까이 있는 사람과 멀리 있는 사람을 차별하지 않는다. 다만 사람들이 가까이 하고 멀리함에 따라 받는 혜택이 달라질 뿐이다.

부처님도 마찬가지이다. 곁에서 수행하는 사람은 지혜·자비·가피·공덕의 혜택을 쉽게 받을 수 있지만, 가까이 오지 않는 사람에게 그런 혜택을 보내줄 수는 없다. 그것은 부처님께서 사람들을 차별해서가 아니다. 즐겨 가까이 하고 열심히 정진하는 사람은 스스로 그 모든 것을 받아들이는 것이고, 싫어하고 멀리하는 사람은 스스로 닫혀 있기에 받아들이지 않을 뿐이다.

부처님 곁에서 즐겨 수행한 사람은 스스로 포기하지 않는 한 반드시 해탈한다. 그러나 해탈한 사람이 부처님의 도움을 받았다고 하더라도 결과적으로는 스스로의 노력으로 해탈에 이른 것이다. 그런 까닭에 부처님께서는 어떤 사람도 해탈시켰다는 생각을 하지 않으신다. 뿐만 아니라 이미 모든 관념으로부터 완전히 벗어난 분이니 허공 같을 뿐이다.

須菩提 如來說有我者 即非有我 而
凡夫之人 以爲有我 須菩提 凡夫者
如來說卽非凡夫 是名凡夫

　수보리여, 여래가 '나에 대한 집착(我)'
이라고 한 것은 곧 '나에 대한 집착'이 아
닌 것을 설함이니라. 그럼에도 어리석은
사람들은 '나에 대한 집착'이 있다고 하는
것이니라. 수보리여, 범부라는 것도 여래
가 곧 범부 아닌 것을 설함이며, 그 표현이
범부인 것이니라.

제25분의 후반부는 깨달음으로 나아가게 하는 방편에 대한 설명이다. 법신(法身)의 자리에서 보자면 부처와 중생이라는 것이 따로 없다. 하지만 보신(報身)과 화신(化身)의 자리에서 보자면 부처는 현재부처이고 중생은 당래(當來-미래)의 부처이다.

경전에는 '나(我)'와 그 상반되는 '내가 없음(無我)'이라는 표현이 있다. 초기경전에는 주로 '내가 없음(無我)'에 대한 설명이 주를 이룬다. 그것은 범부중생의 괴로움이 '나(我)' '나에 대한 집착(我執)' '나라는 관념(我相)' 때문에 시작되기 때문이다. 온갖 집착과 관념이 따지고 보면 '나'로부터 비롯되어 확대된다.

범부중생이 '나'라고 생각하는 것은 몸(色)과 인식작용(受想行識)의 복합체인데, 모든 괴로움이 그로부터 비롯된다. 그래서『반야심경』에서는 '철저하게 지혜로운 삶을 살아갈 때(行深般若波羅蜜多時) 몸과 인식작용이(五蘊) 다 끝없이 변한다는 것을(皆空) 밝게 깨달아(照見) 모든 괴로움과 재앙을 초월한다(度一切苦厄)'고 밝혔다.『반야심경』에서의 색(色)은 '물질일반'이 아니라 '몸'을 가리키는 것이며, 공(空)은 '아무 것도 없다'가 아니라 '무한히 변하는 것'을 뜻한다. 따라서 몸과 인식작용은 무한히 변해가며 존재하는 것처럼 보일 뿐 고정불변의 나(我)가 없다고 설명한 것이다. 아집(我執)을 끊기 위한 처방이다.

그런데 깨달음의 경지인 열반(涅槃)을 설명하면서는 네 가지 덕목(四德)인 상(常)·락(樂)·아(我)·정(淨)을 강조하였다. 열반의 경지는 사라지는 것이 아니므로 한결 같고(常), 모든 괴로움으로부터 해탈했기에 즐거움만 있으며(樂),

법신으로서 참된 나의 세계이고(我), 온갖 오염으로부터 벗어났기에 깨끗하다(淨).

그렇다면 왜 처음부터 이것을 설명하지 않고 무상(無常)·고(苦)·무아(無我)·염(染) 등을 설명한 것일까? 그것은 이미 괴로움이라는 병증(病症)이 나타난 상태이기 때문에 그 병증을 없앨 처방전을 말씀하신 것이다. 부처님께서 중생의 병증인 괴로움(苦)이라는 것을 말씀하셨지만, 이 병증은 의사인 부처님이나 선지식이 수술을 해서 없애듯이 고쳐줄 수 있는 것이 아니다. 다만 그 병이 자신의 집착과 번뇌(集) 때문에 생긴 것임을 알려 주고, 병을 고치는 방법으로는 치우침 없는 바른 삶의 태도(八正道)가 가장 빠른 지름길임을 알려 준 것이다.

하지만 깨달음의 경지인 열반(滅)은 번뇌가 사라진 고요한 상태(寂滅) 정도로만 설명을 하다가, 너무나 궁금해 하기 때문에 열반의 사덕

(涅槃四德)을 밝혀 놓은 것이다.

불교공부를 하는 사람들이 사성제(四聖諦−苦集滅道의 가르침) 가운데서 범부의 삶을 설명한 고(苦)와 집(集)에 해당되는 이론과 경지에 머무는 정도라면 당연히 무아(無我)나 무상(無常)만을 부처님의 가르침이라고 강변할 것이다. 하지만 보다 깊이 수행하여(道) 깨달음에 이르면(滅) 자연히 무아(無我)나 무상(無常) 등이 다만 처방전이라는 것을 알게 될 것이다.

의사가 사람들에게 "당신은 어떤 병에 걸린 환자입니다"라고 할 때, 그 병증을 확인시켜 떨쳐 버리고 건강한 본래의 모습을 되찾게 하려는 것이 목적이다. 병증이나 환자 상태가 본래의 모습이라는 말은 아니다. 마찬가지로, 어리석음이 우리의 본질이 아님에도 불구하고 그것 때문에 갖가지 괴로움을 스스로 불러일으키므로, "그대는 어리석은 범부이다"라고 하여 어리석음을 떨쳐 버리고 본래의 지혜로운 모습을 되찾게 하는 것이다.

그렇다면 부처님께서 아무것도 해 주는 것이 없는 것인가? 부처님께서는 한순간도 쉬지 않고 교화를 하신다. 우리가 경전을 보고 수행을 하면서 진실에 눈뜨거나 선지식의 법문을 듣고 수행을 하여 마음이 환하게 되는 순간에, 부처님께서 항상 자신과 함께하셨음을 알 것이다.

▲ 부처님은 깨달음으로 이끄시기 위해 라후라에게 물을 떠와서 부처님의 발을 씻게 한 후 그 물을 마시라고 하셨다. 발을 씻기 전의 깨끗한 물과 발을 씻은 후의 더럽혀진 물을 비교하여 청정심과 번뇌에 물든 마음을 가르쳐 주신 것이다. – 대만 불광사 벽화 – 2013년 11월 12일 촬영

法身非相分 第二十六
법 신 비 상 분　제 26

여래의 참모습은 상호가 아니다

金剛經六譯

· 金剛般若波羅蜜經. 姚秦 鳩摩羅什譯(402~?) <1>
· 金剛般若波羅蜜經 北魏 菩提流支譯(509) <2>
· 金剛般若波羅蜜經. 陳 眞諦譯(562) <3>
· 金剛能斷般若波羅蜜經. 隋 達摩笈多譯(590) <4>
· 能斷金剛般若波羅蜜經. 唐 玄奘譯(660~663) <5>
· 佛說能斷金剛般若波羅蜜經 唐 義淨譯(703) <6>

Kumārajīva, Bodhiruci, Paramārtha, Dharmagupta.

<1> 영인본 고려대장 5권 975~984쪽.　<2> 985~991쪽
<3> 993~999쪽.　<4> 大正新修大藏經 제8권 766~771쪽
<5> 고려대장경 5권 1001~1009쪽.　<6> 1011~1016쪽 소재

▲ 금강경 6역본 표지

須菩提 於意云何 可以三十二相觀
如來不 須菩提言 世尊 如我解佛所
說義 不應以三十二相觀如來 佛言
如是如是 須菩提 如汝所說 不應以
三十二相觀如來

"수보리여 그대의 생각에는 어떠한가? 서른두 가지 훌륭한 모습을 갖추었다고 여래라고 볼 수 있겠느냐?"

수보리가 말씀드렸다. "세존이시여, 제가 부처님께서 설하신 뜻을 이해하기로는 서른두 가지 훌륭한 모습을 갖추었다고 여래라고 보아서는 안 됩니다."

부처님께서 말씀하셨다. "옳고 옳도다. 수보리여, 그대가 말한 것과 같아서 서른두 가지 훌륭한 모습을 갖추었다고 여래라고 보아서는 안 되느니라."

◆

제26분은 한역(漢譯)에 오류가 있다. 시중에
유통되는 구마라집 스님 한역본은 다음과 같다.
‘須菩提 於意云何 可以三十二相觀如來不 須菩提
言 如是如是 以三十二相觀如來 佛言 須菩提 若
以三十二相 觀如來者 轉輪聖王卽是如來 須菩提
白佛言 世尊 如我解佛所說義 不應以三十二相觀
如來’

우리말로 옮기면 다음과 같다.

‘수보리여 그대의 생각에는 어떠한가? 서른두
가지 훌륭한 모습을 갖추었다고 여래라고 볼 수
있겠느냐? 수보리가 사뢰었다. 그러하옵니다.
서른두 가지 훌륭한 모습으로 여래를 볼 수 있
습니다. 부처님께서 말씀하셨다. 수보리여, 만
약 서른두 가지 훌륭한 모습으로 여래를 볼 수

있는 것이라면 전륜성왕이 곧 여래일 것이니라.

수보리가 부처님께 사뢰어 말씀드렸다. 세존이시여, 제가 부처님께서 말씀하신 뜻을 이해하기로는 서른두 가지 훌륭한 모습으로 여래를 본다는 것은 옳지 않습니다.'

부처님께서는 여법수지분 제13에서 동일한 질문을 하셨고, 수보리 존자는 삼십이상으로 여래를 볼 수 없다는 답을 하였다. 그런데 똑 같은 질문에 수보리 존자는 정반대의 답을 하였고, "전륜성왕도 곧 여래겠구나"하는 부처님의 핀잔을 듣고서야 상호만으로는 여래를 볼 수 없다는 답을 하였다. 수보리 존자가 순간적으로 착각한 것인가? 아니면 다른 의도가 있었던 것일까? 대개의 해설서에는 강한 부정을 위해 일부러 그렇게 답한 것이라고 설명했다. 나 역시 그렇게 이해하려고 노력했다. 하지만 아무래도 억지스럽다는 생각을 지울 수 없었다. 수보리 존자는 이미 공(空)의 이치를 깨달았으며, 부처님께서는 사람들을 시험하지 않으시기 때문이다.

이 의심을 해결하기 위해 1981년 중앙승가대학에서 대장경을 보기 시작하면서 『금강경』의 여섯 가지 한역본(漢譯本)을 모아 비교하게 되었다. 그 결과 구마라집 역본만 수보리 존자의 답이 다르게 되어 있었다. 이 문제를 보다 확실히 하기 위해 범어 학자의 도움을 받아 산스끄리뜨본(梵本)『금강경』을 살펴보았다. 역시 구마라집 역본과 달랐다. 그렇다면 구마라집 스님께서 오역을 한 것일까?

구마라집 스님께서『금강경』을 한역(漢譯)한 것은 지금으로부터 약 1600여 년 전의 일이었다. 옛날 경전을 보급한 방식은 붓으로 옮겨 적는 필사(筆寫)였는데, 무수히 옮겨 적는 과정에서 오류가 발생했다고 볼 수밖에 없다. 왜냐하면 제13분에서 정확하게 번역을 하셨던 구마라집 스님께서 제26분의 동일한 산스끄리뜨어 경문을 전혀 다르게 번역했을 리가 만무하기 때문이다. 이런 까닭에 나는 한역본의 경문을 구마라집 스님 역경 방식으로 바로잡은 후에 다시 우리말로 번역하였다.

부처님은 원만한 모습을 갖추셨다. 그렇다고 원만한 모습을 갖춘 이를 모두 부처님이라고 하진 않는다. 아무리 훌륭해도 형상이 있는 것은 변하다가 소멸되는데, 소멸되는 형상만으로는 여래라고 할 수 없다. 큰 깨달음으로 번뇌의 완전한 소멸인 열반(涅槃)에 들어 상락아정(常樂我淨)의 법신경지일 때 비로소 여래하고 하는 것이다.

30여 년 전 모 사찰에 큰 화재가 발생했었다. 그 화재로 비로자나불상이 녹아버렸다. 뉴스를 듣던 불자들이 울며 내게 물었다. "비로자나불이 타 버렸으니 어떡하면 좋습니까?"

二十六　　　　　　二十五

진제

万億分不及一窮於竿數不及其一
乃至威力品類相應辟喻所不能及

譬喻 亦蒬波泥沙若 亦乃至譬喻亦不及

달마급다

分因分乃至辟喻亦不能及一

의정

須菩提汝意云何如來作是念我度
衆生耶須菩提汝今不應作如是念
何以故實无衆生如來所度須菩提
若有衆生如來所度即是我執衆生
執壽者執受者執須菩提此我等執
如來說非執嬰兒凡夫衆生之所執
故須菩提嬰兒凡夫衆生者如來說
非衆生故說嬰兒凡夫衆生

何意念。善實。雖然如來如是念我乘生度脫
不。復彼善實。如是見應。彼何所因。有無善
實無有一衆生如來度脫。若復善實。有如
是衆生。有若彼如來度脫彼。如是如來。我
取有。衆生取。壽取。人取有。我取我取者。我
善實非取。此如來說彼小兒凡夫生者。
凡夫小兒凡夫生者。善實非生。彼如來說
彼。故說名小兒凡夫生者。

彼妙生於汝意云何如來度衆生不汝
莫作是見如來度衆生何以故曾無
有一衆生是如來度者若有衆生如來
度者如來則有我見衆生見壽
者見更求趣妙生我等執者如來
說為非執而諸愚夫妄為此執妙生
愚夫衆生如來說為非生故名愚夫
衆生

汝意云何可以具足相觀如來不汝
菩提言如我解佛所說義不以具足
相應觀如來佛言如是須菩提如是
不以具足相應觀如來何以故若以
具足相應觀如來者轉輪聖王應是如

須菩提

彼何意念善實相

其足如來見應。善實言。不如此世尊。如
世尊說義解。我不相具足如來見應。世尊言。如我
具足善實。如是善實。如如語汝。不相
具足如來見應。彼何所因。彼復善實。相具
足如來見應。彼王轉輪如來有彼。故不相
具足相應觀如來。如來有彼。故不
具足如來見應。此相非相故。如我世尊。爾時
命者善實。世尊遍如是言。如我世尊。世尊
說義解。我不相具足如來見應。爾時世尊。彼
尊而說頌曰

妙生於汝意云何應以具足相觀如來
不不余世尊不應以具足相觀於如來
妙生若以具相觀如來者轉輪聖王
應是如來是故以不應以具足相觀如
来應以諸相非相觀於如來余時世
尊而說頌曰

현장

福聚於此福聚百分計之所不能及
如是千分若百千分若俱胝百千分
若俱胝那庾多百千分若數分若計
分若算分若喻分若鄔波尼殺曇分
亦不能及

佛告善現於意云何如來頗作是念
我當度脫諸有情耶善現汝今勿當
作如是觀何以故善現無少有情如
來可度善現若有有情如來度者如
來即應有其我執有有情執有命者
執有士夫執有補特伽羅等執善現
我等執者如來說為非執故名我等
執而諸愚夫異生強有此執善現愚
夫異生者如來說為非生故名愚夫
異生

須菩提於意云何汝等勿謂如來作
是念我當度眾生須菩提莫作是念
何以故實無有眾生如來度者若有
眾生如來度者如來則有我人眾生
壽者須菩提如來說有我者則非有
我而凡夫之人以為有我須菩提凡
夫者如來說則非凡夫

須菩提於意云何汝謂如來作眾作
是念我度眾生耶須菩提莫作是念
何以故實無有眾生如來度者若有
眾生如來度者佛即有我人眾生壽
者須菩提如來說有我者則非有我
而毛道凡夫生者以為有我須菩提
毛道凡夫生者如來說名非生是故
言毛道凡夫生

구마라집

佛告善現於意云何可以諸相具
足觀如來不善現答言如我解佛所
說義者不應以諸相具足觀於如來
佛言善現善哉善哉如是如是如汝
所說不應以諸相具足觀於如來善
現若以諸相具足觀如來者轉輪聖
王應是如來是故不應以諸相具足

須菩提於意云何可以三十二相觀
如來不須菩提言如是如是以三十
二相觀如來佛言須菩提若以三十
二相觀如來者轉輪聖王則是如
來須菩提白佛言世尊如我解佛所說
義不應以三十二相觀如來

須菩提於意云何可以相成就得見
如來不須菩提言如是如是以相成
就得見如來佛言須菩提若以相成
就得見如來者轉輪聖王以相成就
如是須菩提不以相成就得見如來
佛言須菩提若以相成就得見如來

導而說偈言

就得見如來

보리유지

不及一歌羅分不及一數分不及一
優波尼沙陀分不及一乃至筭數譬
喻所不能及

내가 답했다. "세상이 다 타도 진리이며 빛인 비로자나불은 타지 않습니다. 화재로 탄 것은 만들어 모신 불상일 뿐입니다. 그러니 여러분 자성의 비로자나불을 찾으시면 됩니다."

須菩提 若以三十二相觀如來者 轉輪
聖王 則是如來 爾時 世尊 而說偈言
若以色見我 以音聲求我
是人行邪道 不能見如來

　"수보리여, 만약 서른두 가지 훌륭한 모
습을 갖추었다고 여래라고 본다면, 전륜
성왕도 여래일 것이니라." 그때에 세존께
서 게송으로 말씀하셨다.
　"만약 모양으로 나를 보려거나
　　또는 음성으로써 나를 찾으면,
　　이 사람은 그릇된 길 가는지라
　　능히 여래를 보지 못하리로다."

제26분 후반부는 부처님께서 전륜성왕의 예를 들어 훌륭한 형상만으로 여래라 할 수 없음을 말씀하신 후, 수행의 그릇된 방법을 지적하셨다.

싯다르타의 아버지 숫도다나왕(Suddhodana, 淨飯王)은 유명한 선인(仙人)들을 불러 싯다르타의 미래를 물어보았는데, 대부분 가장 위대한 전설의 왕 전륜성왕(轉輪聖王)이 되어 전 세계를 통치할 것이라고 하였다. 그러나 아시타(Asita) 선인만은 부처님이 될 것이라고 예언을 했다. 싯다르타의 몸에 있는 서른두 가지 특별한 형상(32相)은 전륜성왕과 부처님이 될 수 있는 공통점이었기 때문이었다. 이 얘기는 비록 같은 신체적 특징을 지녔다고 해도 어떤 방향으로 노력하느냐에 따라 전혀 다른 결과에 이르게 됨을 뜻하는 것이다.

불교에 입문하기 전인 중학교 시절에 나는 시간 나는 대로 사찰을 찾았었다. 고풍스런 법당에 앉아 있으면 부처님이 계신 곳이 이런 분위기인가, 극락세계라는 곳이 이처럼 아름다운가 하는 생각이 들었다. 어떤 때는 법당의 불상이나 불화 속 부처님 모습을 보며 그 미소와 알 수 없는 분위기에 빠져들기도 했다. 그리고 때때로 부처님께서 나에게 무언가를 말씀해주시려는 듯한 강한 느낌을 받기도 했었다.

불교에 처음 발을 디디는 초심자들은 바로 이런 체험들을 하게 될 것이며, 더 나아가 지금의 현실을 떠나 신비한 불국토를 꿈꿀 것이다. 또한 부처님으로부터 무언가 중요한 계시와 같은 것을 듣고 싶어 할 것이며, 특히 어려움에 봉착하여 간절하게 기도하는 불자들이라면 특별한 가피(加被)를 바라기도 할 것이다.

나는 불교학생회를 통해 정식으로 불교에 입문한 직후 선사들의 법문과 일화를 기록한 선어록(禪語祿)을 여러 가지 접하게 되었고, 불교학을 전공한 교법사선생님에게서 체계적으로 교학을 익혔다. 또 스님들의 지도로 법화경 등의 경전을 공부하게 되었었다. 그래서 출가할 때에는 신비로운 환상들로부터 깨끗이 벗어나 있었다. 그러나 출가한 후 만난 신도님들 가운데 많은 분들은 끝없이 신비한 환상을 좇고 있었다. 그렇게 계속해 환상을 좇는다면 어쩌다 신비한 체험을 하게 될지도 모른다. 하지만 그렇게 해서는 부처님의 참된 가르침을 깨닫기 어려울 뿐만 아니라, 전혀 엉뚱한 길을 가면서 그것이 불교인 것처럼 착각하게 될 것이다.

산스끄리뜨본(梵本)과 다른 한역본(漢譯本)을 보면 위의 게송 외에 또 하나의 게송이 있다. 그 가운데 진제(Paramārtha, 眞諦)스님 역본은 다음과 같다.

　법으로써 마땅히 부처를 보라
　(由法應見佛).
　조어사는 법으로 몸을 삼느니라
　(調御法爲身).
　이 법은 대상으로 아는 것 아니니
　(此法非識境),
　법은 매우 깊어 보기 어려우니라
　(法如深難見).

▼ 마음의 눈이 열린 사람은 언제나 어디서나 여래를 본다.
인도 바이샬리 대림정사 탑에서 기도하는 이들. ─ 2017년
2월 18일

형상과 소리에 의지해서는 결코 여래를 볼 수 없다. 오직 깨달아 스스로 진리와 하나가 되어야만 한다. 깨닫지 못한 사람에겐 불상도 물질일 뿐이며 경전도 종이와 글자일 뿐이다.

어느 날 갑자기 오색찬란한 빛에 싸인 부처님이 눈앞에 나타나 금빛 손으로 이마를 만져 주며, "내가 그대를 구원하러 왔노라." 이렇게 속삭여 주길 기대해서는 안 된다. 만약 이 병에 걸리면 눈과 귀와 입이 동시에 마비될 것이니, 천하의 명의인 화타(華佗)나 허준(許浚)이 되살아나도 고칠 수 없을 것이다.

여래는 우리가 알고 있는 장엄한 모습과 아름다운 음성으로 우리에게 나타나지 않는다. 여래를 만나려면 모름지기 본래 자신에게 있는 청정한 마음의 눈을 떠야 한다. 그렇게만 되면 언제 어디에서나 여래(如來)와 불국토를 볼 수 있을 것이다.

無斷無滅分 第二十七
무단무멸분 제27
끊어짐도 없고 멸함도 없다

▲ 세상에서 가장 원만한 상호를 갖추셨다는 석굴암 석가모니불. 수행에 의해 이뤄진 원만보신이며 화신이다.

須菩提 汝若作是念 如來 以具足相
故 得阿耨多羅三藐三菩提 須菩提
莫作是念 如來 不以具足相故 得阿
耨多羅三藐三菩提

"수보리여, 그대가 만약 '여래는 훌륭한
모습을 갖춤으로 해서 가장 높고 바르며
원만한 깨달음을 얻는 것이다'고 생각한
다면, 수보리여 그런 생각하지 말지니라.
여래는 훌륭한 모습을 갖춤으로 해서 가
장 높고 바르며 원만한 깨달음을 얻은 것
이 아니니라."

◆

제27분 전반부는 완벽한 신체조건과 깨달음이 어떤 관계에 있느냐를 짚었다. 이 부분의 구마라집역본에는 '갖추지 못함으로 해서(不以具足相故)'이나 범본과 다른 역본에 따라 '갖춤으로 해서(以具足相故)'로 바로잡았다. 그래야 뜻이 통한다.

만약 싯다르타가 완벽한 신체적 조건을 갖추었기 때문에 깨달을 수 있었다고 한다면, 그 조건을 갖추지 못한 일반 사람들은 깨달을 수 없을 것이다. 또 왕가에 태자로 태어났기 때문에 깨달을 수 있었다고 한다면, 태자가 아닌 사람들은 깨달을 수 없다는 얘기가 된다. 만약 조건이 절대적이라면 왕궁에 있을 때 깨달았어야 한다. 그렇지 못했기 때문에 싯다르타는 왕궁을 떠나 출가를 했고 뼈와 가죽만 남는 혹독한 수행을 했던 것이다.

『금강경』에서 이 부분을 여러 차례 언급하는 것은 그런 주장을 하는 이들이 많았다는 뜻이기도 하다. 그렇다면 과연 일방적으로 좋기만 한 조건이라는 것이 있을까?

젊은이들과 얘기를 나눠 보면 조건이 모든 것을 결정짓는다는 생각들이 많은 듯하다. 그래서 금수저니 흙수저니 하고 말하는 모양이다. 정말 태생에 의해 행복한 사람과 불행한 사람으로 조건 지어지는 것일까? 또 외모지상주의라는 말도 있는데, 성형수술로 멋진 얼굴과 몸매를 갖추면 저절로 행복해지는 것일까? 아마 수술 후의 만족감으로 잠시 행복해 할 수는 있을 것이다. 하지만 그것은 참되고 영원한 행복이 아니다.

행복과 깨달음은 객관적인 물건이 아니며 규격화된 자격증도 아니다. 아주 순수한 정신적 영역이며, 사적인 체험영역이다. 그렇기 때문에 스스로 불행하다고 생각한 사람이나 깨닫지 못한 사람들이 자신과는 다른 경지나 위치에 있는 사람들을 그런 조건 등으로 구분 지어 자기 변명거리를 찾는 것은 아닐까?

부처님의 모습을 진리의 몸(法身), 수행 결과의 몸(報身), 상대에 맞춘 몸(化身)으로 설명한다. 진리의 몸은 모양 없는 빛으로 설명되니 상(相)을 초월한다. 그러니 관상(觀相)이 불가능하다. 수행 결과의 몸인 보신은 원만함(圓滿報身)을 특징으로 한다. 이 말은 누구라도 수행이 무르익어 깨달음에 이르면 이전의 모나고 날카로우며 거친 모습에서 벗어나 누구나 호감을 가질 수 있는 모습을 갖추게 된다는 뜻이다. 상대에 맞춘 몸인 화신(化身)은 자비로 상대에게 맞추는 것이기에 무수한 모습으로 변화를 한다. 물론 보신과 화신은 지혜와 자비처럼 분리될 수 없는 것이다.

모든 생명체가 평등한 것은 누구나 청정한 법신(法身)을 본래 갖추고 있기 때문이며, 스스로 자기법신과 하나가 된 이를 깨달았다고 하는 것이다. 그런데 이 법신은 모양이 아니기에 훌륭한 상을 갖춘 사람만이 깨달아 부처가 되는 것은 아니라는 뜻이다. 부처와 중생이 다른 것은 보신과 화신 때문인데, 만일 현재의 모습이 비호감적이라면 보신을 제대로 갖추지 못했다는 뜻이다. 이것은 수행력이 부족하다는 말이기도 하다.

몸과 마음은 하나도 아니지만 그렇다고 별개의 것이라고도 할 수 없다. 마음은 형상이 아니지만 세상의 많은 것들은 마음이 만들어 놓았다. 그럼 마음이 의탁하고 있는 몸은 어떠할까? 당연히 가장 밀접한 연관성을 갖는다. 마음이 급하면 걸음이 빨라지고, 화가 나면 언성이 높아지고 얼굴이 붉어진다. 특히 얼굴은 어떤 감정에 따라 수시로 변한다. 얼굴은 '얼(마음, 정신)의 꼴(모양)'이라는 말이 있다. 현재의 얼굴이 지금 그 사람의 마음 상태를 보여준다는 뜻이다.

모든 것을 결정하는 것은 자기의 마음이다. 수행해서 마음이 원만해진 사람은 원만상이 될 것이고, 마음에 탐욕과 분노가 가득한 사람이라면 탐욕스런 모습이나 화난 모습일 것이다. 불상과 보살상을 법당에 모신 것은 그 원만한 모습을 거울삼아 자신을 자세히 살펴보라는 뜻이다.

훌륭한 모습을 갖춘 이만 깨닫거나 행복해지는 것은 아니다. 그러나 깨달은 이나 행복한 이는 그 모습도 원만해진다.

須菩提 汝若作是念 發阿^耨多羅三藐
三菩提心者 說諸法斷滅 莫作是念
何以故 發阿^耨多羅三藐三菩提心者
於法 不說斷滅相

"수보리여, 그대가 만약 '가장 높고 바르
며 원만한 깨달음의 마음을 일으킨 사람
은 모든 존재의 끊어짐과 없어짐을 설한
다'고 생각한다면, 그런 생각을 하지 말지
니라. 왜냐하면 가장 높고 바르며 원만한
깨달음의 마음을 일으킨 사람은 존재에
대해 끊어짐과 없어짐의 관념을 설하지
않기 때문이니라."

제27분 후반부 구마라집 역본의 '가장 높고 바르며 원만한 깨달음의 마음을 일으킨 사람(發阿耨多羅三藐三菩提心者)'에 해당되는 범본(梵本)과 다른 한역본을 보면 '보살의 삶(菩薩乘)에 마음을 낸 사람'으로 되어 있다. 그러므로 후반부는 대승보살이 모든 것을 다 끊어 없애는 것을 목표로 삼는 것이 아님을 밝힌 것이다.

불교수행을 하는 경우 번뇌를 끊는다는 말을 많이 들었을 것이다. 불교수행자의 네 가지 큰 서원(四弘誓願)에서도 '번뇌 다함없지만 끊기를 서원합니다(煩惱無盡誓願斷)'고 했다. 그럼 번뇌를 어떻게 끊을 것인가. 끊는 것이 가능한가?

네 가지 성스러운 진리(四聖諦)에서 괴로움(苦)의 원인인 집(集)은 고(苦)를 집기(集起)하는 것 즉 번뇌를 말하고, 멸(滅)은 번뇌가 소멸된 상태 또는 번뇌가 소멸된 경지를 말한다. 그리고 이 번뇌의 소멸에 이르는 방법으로 도(道) 즉 팔정도(八正道)가 제시되었는데, 팔정도는 팔정중도(八正中道)라고도 한다. 이것은 부처님께서 최초의 다섯 제자를 상대로 녹야원에서 처음 설하신 내용인 중도(中道)에 이르는 구체적인 수행법이다.

팔정중도를 좀 쉽게 설명해 보면 (1)치우침 없이 바르게 보기(正見) (2)치우침 없이 바르게 생각하기(正思) (3)치우침 없이 바르게 말하기(正語) (4)치우침 없이 바르게 행동하기(正業) (5)치우침 없이 바르게 생활하기(正命) (6)치우침 없이 바르게 노력하기(正精進) (7)치우침 없이 바르게 기억하기(正念) (08)치우침 없이 바르게 집중하기(正定)이다. '치우침 없이'라고 한 것은 중도(中道)의 입장에서 벗어나지 않는 것이 '바른 것'이기 때문이다. 『중론(中論)』에서는 중도를 분명히 하기 위해 생김(生)·멸함(滅)·끊어짐(斷)·한결같음(常)·같음(一)·다름(異)·감(去)·옴(來)의 여덟 가지 치우침(八邪)을 떠난 것이라는 뜻의 팔부중도(八不中道)를 강조했다. 즉 생기는 것이 아니고(不生), 멸하는 것이 아니며(不滅), 끊어지는 것이 아니고(不斷), 한결같은 것이 아니며(不常), 동일한 것이 아니고(不一), 다른 것이 아니며(不異), 가는 것이 아니고(不去), 오는 것이 아니다(不來)라고 하였다. 팔부중도에서는 여덟 가지를 대표로 들었지만 중도란 모든 치우침에서 벗어난 경지를 가리키는 것이다. 이를『금강경』식으로 말하면 일체의 관념(相)으로부터 자유로운 상태이다.

그런데 깨달음인 적멸(寂滅)에 이르는 구체적 수행법인 팔정도(八正道)에서는 번뇌를 구체적으로 지적하지도 않았고, 또한 끊어 없앤다는 표현도 하지 않았다. 단지 치우침 없는 바른 삶의 방식을 여덟 가지로 지적하고 있는 것이다. 따지고 보면 번뇌란 이 여덟 가지 삶의 방식이 제대로 실천되지 않을 때 일어나는 것이라고 할 수 있다.

번뇌란 객관적인 존재가 아니다. 오로지 괴로움을 일으키는 잘못된 인식과 잘못된 생각이 번뇌이다. 인식과 생각은 마음으로부터 나오는 것인데, 번뇌를 내는 마음과 지혜를 내는 마음이 별개로 존재하는 것이 아니다. 번뇌를 내는 마음을 없애버리면 지혜를 내는 마음도 없어지는 것이다.

깨달음의 경지인 열반(涅槃)에 대해 '완전히 모든 것을 끊어버려서 아무것도 없는 것'이라고 풀이하는 이들이 있다. 이것은 열반의 경지를 체득하지 못한 상태에서 언어해석만으로 접근했기 때문이다. 열반이라는 말을 아무리 분석해도 정신적 경지가 그 말 안에 있는 것은 아니다.

또한 수행자가 아무것도 없음을 추구하다가 인지작용 없이 며칠이 찰나처럼 지나가는 무기공(無記空)을 체험한 후, 그것을 적멸로 오인하면 일생을 허비하게 된다.

▲ 석가모니께서 최초로 적멸에 이르신 보드가야 보리수가 있는 곳. 마하보디대탑의 외벽에 모셔진 부처님의 미소가 곧 적멸의 한 모습이다. – 2017년 2월 17일 촬영

최상의 깨달음을 이루고자 하는 사람은 모든 것을 끊어 아무것도 없는 자리에 이르려는 것이 아니다. 모든 순간이 삼매인 지혜의 삶을 추구하는 것이다. 그 지혜의 삶이 곧 적멸이다.

不受不貪分 第二十八
불 수 불 탐 분 제 28

받지도 않고 탐착하지도 않는다

▲ 석가모니부처님 당시 수닷타장자는 기원정사를 지어 부
처님께서 머무시며 교화하시게 한 대표적인 보시공덕을
쌓았다. 그래서 해인사 대적광전 팔상탱화에까지 등장한
다. 그러나 그가 깨달았다는 기록은 보이지 않는다.

須菩提 若菩薩 以滿恒何沙等世界七
寶 持用布施 若復有人 知一切法無
我 得成於忍 此菩薩 勝前菩薩所得功
德 何以故 須菩提 以諸菩薩 不受福
德故

"수보리여, 만약 어떤 보살이 갠지스강의
모래알 수와 같은 세계에 칠보를 가득 채
워 그것으로 보시하고, 또 다른 보살이 모
든 존재가 무아(無我)임을 알아 무생법인
(無生法忍)을 이루면, 뒤의 보살이 얻는
공덕이 앞의 보살이 얻는 공덕보다 뛰어
나니라. 왜냐하면 수보리여, 모든 보살들
은 복덕을 받지 않기 때문이니라."

제28분 전반부에서는 상상할 수 없는 공덕과 깨달음을 비교했다.

복덕(福德)과 공덕(功德)이라는 용어는 약간 다르게 사용된다. 좋은 일을 해서 덕을 쌓는다는 입장에서는 비슷하게 사용되지만, 전개되는 방향에 따라서는 다르게 사용된다. 즉 복덕이 인과의 법을 따르는 수준에 머무르는 경우에 주로 사용된다면, 공덕은 깨달음으로 상승하는 경우에 주로 사용된다.

앞의 경우는 복이 다하면 힘든 삶으로 떨어진다는 뜻의 복진타락(福盡墮落)이라는 용어에서 잘 드러나 있다. 반면에 후자의 경우는 양무제가 갖가지로 불교를 위한 정책을 편 자신의 행이 얼마만큼의 공덕이 되느냐고 질문하자, 달마대사께서 공덕이 없다(所無功德)고 답한 것에서 잘 드러난다. 양무제는 많은 사찰을 짓고 출가한 스님들을 뒷바라지했으며, 경전의 보급에도 심혈을 기울인 인물이다. 바로 이 점을 들어 달마대사께 자신의 공덕이 얼마나 되느냐고 물었던 것이지만, 자랑스러워하는 무제를 본 달마대사는 그의 선행이 오히려 아만(我慢)과 아상(我相)을 키운 점을 보고는 '공덕이 없다'고 꾸짖은 것이다.

양무제와 달마대사의 대화를 통해 오늘날 이 땅에서 일어나는 갖가지 현상들을 살펴보면 무언가 한참 잘못되고 있음을 알 수 있다.

최근에 대부분의 종교가 그렇듯이 불교계에서도 승속을 막론하고 승가나 승려에 대한 비난 비방하는 글들이 갖가지 매체를 통해 발표되는 것을 많이 보게 된다. 물론 그럴만한 사건이나 상황이 있었기 때문일 것이다. 그런데 부처님의 가르침이나 율장에 의하면 그와 같은 경우에 당사자에게 직접 지적을 하거나 승가 자체의 방식으로 그 문제에 접근하는 것이 옳은 것이다. 문제해결과는 아무런 상관이 없는 다수의 대중에게까지 비난 비방하는 방식으로 집안의 일을 알리는 것이 과연 어떤 공덕이 될까? 비난 비방하는 이들은 아마도 옳은 일을 한다거나 종단을 아낀다고 생각하기에 그렇게 하겠지만, 그 행위가 공덕도 복덕도 안 된다. 오히려 자신의 악업(惡業)만 쌓게 되어 점차 미혹에서 벗어나기 어려워질 것이다. 가령 승가(僧伽-비구 비구니의 집단)의 구성원이 잘못을 저질렀을 때는 승가의 방식으로 출가자들끼리 그 문제를 해결하려고 노력해야 한다는 율장의 가르침이 있다. 떠도는 낭설 등으로 함부로 비방하는 것은 상대에게도 자신에게도 아무런 도움이 되지 못한다.

선지식의 경지에 있지 않다면 함부로 남을 지

도하려 해서도 안 된다. 상대를 잘못 지도할 수 있기 때문이다. 하물며 누군가를 비난 또는 비방하는 경우, 자신의 삶이 과연 타의 모범이 되고 있는지를 먼저 살펴야 하며, 비난 비방의 행위가 자신의 깨달음에 도움이 되는지도 잘 살펴야 한다. 잘못을 저지른 이가 있다면 그는 그 행위에 대한 과보를 받을 것이다. 하지만 비난 비방하는 사람 또한 비난 비방한 행위의 과보를 받게 됨을 알아야 한다.

공덕이란 깨달음으로 나아가는 추진력과 같은 것이다. 본문에서는 우주를 가득 채운 칠보(七寶)로 보시하고 그 공덕으로 깨달음으로 나아가려고 노력하는 보살을 먼저 예로 들었다. 그리고 모든 존재 즉 형상을 가진 것과 형상이 없는 감정과 관념 및 인식작용까지도 절대불변의 개체나 요소가 없음을 알아서 깨달음을 이룬 보살을 대비시켰다. 그리고는 깨달음을 이룬 보살이 훨씬 뛰어나다고 말씀하셨다.

불교는 석가모니의 깨달음으로 시작된 종교이다. 따라서 깨달음도 석가모니의 깨달음이 기준이다. 수많은 고승들이 스스로 깨달았다는 표현을 삼갔던 것도 부처님 앞에서의 겸손이었다. 그러니 알음알이의 차원에서 깨달음을 함부로 훼손시켜서는 안 된다.

須菩提白佛言 世尊 云何菩薩 不受
福德 須菩提 菩薩 所作福德 不應貪
着 是故 說不受福德

수보리가 부처님께 사뢰어 여쭈었다. "세
존이시여, 어찌하여 보살이 복덕을 받지
않습니까?"
"수보리여, 보살은 지은 복덕을 탐내거나
집착하지 않으므로, 이런 까닭에 복덕을
받지 않는다고 하느니라."

제28분 후반부에서는 무생법인(無生法忍)을 이룬 보살 즉 깨달음을 이룬 보살이 더 뛰어난 까닭을 밝혔다.

복덕과 공덕이란 말은 경전에서 혼용되고 있기 때문에 엄격하게 구분하기가 쉽지 않다. 그러나 엄격하게 구분하고 있는 경우에는 대개 다음과 같이 설명된다.

복덕은 자신의 선행에 대한 과보를 당연한 결과로 생각하여 즐겨 받아 쓰는 경우를 말하고, 공덕은 그 과보를 다시 깨달음으로 회향하는 경우이다. 보시를 해도 그 보시한 것을 자신만 알고 기쁨으로 삼다가 점차 그것마저도 놓아 버리는 무주상보시로(無住相布施)로 옮겨 가면 그것이 공덕이 되는 것이다. 자신의 마음에 일어나는 기쁨마저도 놓아 버린 사람이 자기 마음에 좋지 않은 감정이나 관념이 머무르게 하겠는가. 이처럼 마음이 청정한 자리로 돌아가는 것이 공덕이며 곧 깨달음으로 나아가는 수행이 되는 것이다.

제28분 전반부에서 계산이 불가능한 엄청난 보시를 한 사람보다 무생법인(無生法忍) 즉 깨달음을 이룬 보살의 공덕이 더 뛰어나다고 했다. 아무리 깨달음에 이를 준비를 많이 했어도 깨달은 이와는 비교할 수 없다는 뜻이다.

그런데 깨달음을 이룬 보살이 깨달을 수 있었던 이유는 복덕을 받지 않기 때문이라는 것이며, 복덕을 받지 않는 것은 탐내거나 집착하지 않기 때문이라 했다. 다시 말해 어떤 관념에도 걸리지 않는 무주상보시(無住相布施)를 한 이가 깨닫는다는 뜻이다.

업(業)의 입장에서 보자면 우리의 현재는 갑자기 만들어진 것이 아니라 오랜 세월 살아온 결과로 만들어진 것이다. 여러 생(生)을 관통하는 입장에서 금생(今生)의 자기 모습은 많은 전생(前生)에서 행한 업(業)의 결과이다. 그렇다고 운명론자나 숙명론자가 될 필요는 없다. 왜냐하면 지금 이후의 삶은 자신이 방향을 잡고 행하기 나름이기 때문이다. 물론 쉬움과 어려움의 차이는 있다. 어릴 때부터 축구를 한 사람이 축구선수가 되려고 하면 남들보다 쉬울 것이다. 하지만 그가 축구를 그만두고 다른 종목으로 바꾸면 선수가 되기까지가 훨씬 어려울 것이다. 그렇다고 불가능한 것은 아니다. 모든 업이 이와 같다. 선업(善業)에서 선업(善業)으로 진행하는 것은 쉽다. 하지만 악업(惡業)에서 선업(善業)으로 방향을 전환하려면 훨씬 더 노력해야 한다.

싯다르타태자는 수많은 전생에서 엄청난 선행을 했다고 자아따까(jātaka~자타카 · 本生 ·

本生經)에 설명되어 있다. 그 결과로 가장 위대한 통치자인 전륜성왕(轉輪聖王)이 되거나 깨달아 부처가 될 수 있는 공덕을 성취한 것이다. 하지만 이때부터의 방향은 오직 싯다르타에게 선택권이 있었다. 싯다르타는 전륜성왕의 길이 아닌 부처의 길을 선택했고, 엄청난 수행을 한 후

▶ 중국 오대산 대라정(大螺頂) 천왕문(天王門). 보살정(菩薩頂)의 건너편 높은 곳에 있음. – 2009년 6월 13일 촬영.

이윽고 깨달아 부처님이 되신 것이다. 만약 전
륜성왕의 길로 나아갔다면 역사의 기록에는 남
을지언정 우리와의 만남도 없었을 것이고, 인류
의 위대한 스승이 될 수도 없었을 것이다. 누가
더 뛰어난지도 비교할 필요도 없다.

▶ 중국 오대산 대라정(大螺頂)의 주법당인 오방문수전(五方
  文殊殿)에는 오대(동 서 남 북 중의 다섯 봉우리)에 각각
  모셨던 분들과 같은 문수보살상과 같은 상을 한곳에 모
  셨다. 오대를 오른 것과 같아질까.

순치황제(順治皇帝-청 3대 황제)는 24세에 출가하면서 출가시를 남겼다. 역사서에는 24세에 죽은 것으로 되어 있으나 오대산으로 출가하여 오래 수행하며 살았다고 한다. 손자인 건륭황제에 이르기까지 국가의 중대사가 생기면 지혜로운 조언을 구하기 위해 북경에서 스님(순치황제)이 계신 오대산을 무수히 오갔다고 한다.

시를 보면 수행 중에 잠깐 고통받는 중생들을 위해 황제가 되어 그들을 편케 해야겠다고 생각한 것이 원인이 되어 그 다음 생에 중국의 황제가 되었는데, 그것이 부질없는 일이었음을 다시 깨닫게 되었다는 것이다. 그래서 나라를 안정시킨 다음에는 본래의 자리로 돌아간다는 것이 전체적인 내용이다.

중생을 편케 하는 진짜 뛰어난 보살이 되려면 먼저 자신부터 깨달아야 한다는 것이 제28분의 요지이다.

威儀寂靜分 第二十九
위 의 적 정 분 제 29

부처님 모습은 고요하고 평화롭다

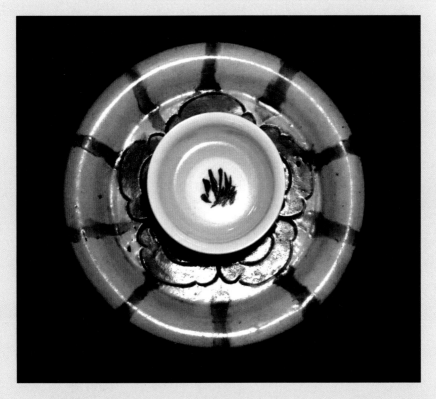

▲ 덕화백자 개완(蓋碗)에 침향(沈香) 백기남(白奇南)을 넉넉히 쪼개 넣고 뜨거운 물을 부어 우린 백기남향차(白奇南의香茶). 정신적 경지는 이 침향차의 수준과는 비교가 되지 않는다. – 2017년 11월 25일 촬영

須菩提 若有人言 如來若來若去若坐
若臥 是人 不解我所說義 何以故 如
來者 無所從來 亦無所去 故名如來

"수보리여, 만약 어떤 사람이 '여래는 오
기도 하고 가기도 하며 앉기도 하고 눕기
도 한다'고 말한다면, 이 사람은 내가 말
한 뜻을 알지 못한 것이니라. 왜냐하면, 여
래라고 하는 것은 어디로부터 오는 것도
없고 또한 가는 것도 없기 때문이니라. 이
런 까닭에 여래라고 표현하느니라."

제29분에서는 일상의 삶을 통해 여래의 모습을 밝혔다. 갖가지 모습으로 중생을 만나고 계시는 화신(化身)의 모습이 청정하고 적멸한 법신의 모습과 별개가 아님을 밝히고 있다.

오거나 가거나 앉거나 눕는다는 표현은 전반적인 삶의 모양을 가리킨다. 일반적으로는 돌아다니거나(行) 머무르거나(住) 앉거나(坐) 눕는다(臥)고 표현하며, 네 가지 위엄 있는 모습과 행위라는 뜻에서 4위의(四威儀)라고 한다. 여기에 말하거나(語) 침묵하거나(默) 움직이거나(動) 쉰다(靜)는 네 가지를 더하여 우리 삶의 가장 흔한 특징으로 표현한다. 선가(禪家)에서는 행주좌와 어묵동정(行住坐臥語默動靜)이 선(禪) 아닌 것 없다고 선수행의 특징을 강조한다.

육조 혜능선사는 깨달은 사람의 삶을 일상삼

매(一相三昧)와 일행삼매(一行三昧)로 표현했다.『육조단경』『부촉유통(咐囑流通)』에서 혜능 선사께서는 다음과 같이 설명하셨다.

'어떤 경우라도 관념에 집착하지 않아서 증오와 애착을 일으키지 않고 취하지도 버리지도 않으며, 이익과 손해 등을 생각지 않아서 편안하고 고요하며 마음이 비고 조화로우며 맑으면 그것을 일상삼매라고 한다.

어떤 경우라도 가고 머무르며 앉고 누움에 순수하고 곧은 마음으로, 바로 그 자리에서 진정한 맑은 경지를 이루면 그것을 일행삼매라고 한다.'

수행자의 깨달음이 이와 같은 경지인데, 부처님의 경지는 어떠하겠는가?

이미 앞에서 부처님의 훌륭한 모습만으로는 여래를 볼 수 없다고 한 가르침이 여러 번 되풀이 되었다. 완벽한 몸매만으로는 여래라고 할 수 없다는 것이다. 제29분은 행위에 대한 집착을 끊어주려고 하는 가르침이다. 만약 오가는 모습이나 앉거나 눕는 모습으로 여래를 파악하려고 하면 진짜 여래를 볼 수도 없고 참된 가르침도 이해하지 못한다는 것이다.

만약 이 가르침을 오해하여 여래는 어떤 모양도 없고 어떤 행위도 없다고 단순하게 결론을 내린다면 이는 더 큰 오류를 범하게 된다.

보살행을 하고자 발심하여 수행하는 이가 위와 같은 편견을 갖게 된다면 수행의 결과로 이루게 되는 원만한 보신(報身)도 무시하게 될 것이고, 자비의 실천을 보여주는 화신(化身)도 부정해 버릴 것이다. 그렇게 되면 깨달음도 중요하지 않다고 여길 것이며, 깨달음으로 인도하고자 하는 지혜와 자비의 교화(敎化)도 포기하게 될지도 모른다. 만약 이 지경에 이르게 되면 불교라고 하면서도 실제는 불교가 아니다. 결국 세속적 가치관으로 모든 것을 규정하게 되고, 마음공부한다는 이들이 정치적 이유나 경제적 이유로 투쟁하는 작태가 벌어지게 될 것이다. 이런 잘못은 과거의 역사 속에서 얼마든지 찾아볼 수 있고, 현재도 우리 주변에서 일어나고 있는 현상이다.

흔히 불교를 수행의 종교라고 하거나 마음 공부하는 종교라고 한다. 이는 일반 사회와는 다른 가치관에 따라 일상의 삶을 바르게 하려 노력하는 종교라는 뜻이며, 또한 다양한 우리의 삶의 형태 속에서 언제나 그 마음이 청정하고 걸림이 없어야 한다는 뜻이다.

수행을 완성하여 원만해진 모습을 보신불(報身佛)이라 하고, 만나는 사람마다 자비로 알맞게 교화하는 모습을 화신불(化身佛)이라고 하며, 청정하고 적정한 깨달음의 본체를 법신불(法身佛)이라고 한다. 수행하여 마음의 눈이 열리면 이 세 모습을 볼 수 있다. 그때 비로소 여래를 봤다고 하는 것이다. 여래를 봐야 그 가르침도 온전히 자기의 것이 된다.

一合理相分 第三十
일 합 이 상 분 제 30

실체는 관념들의 집합이 아니다

▶ 부처라고 해도 어긋났고 부처가 아니라고 해도 어긋났다.
– 개화사 주지채의 불당, 선방 겸 다실의 불화와 불상

須菩提 若善男子善女人 以三千大千
世界 碎爲微塵 於意云何 是微塵衆
寧爲多不 須菩提言 甚多世尊 何以
故 若是微塵衆 實有者 佛則不說是
微塵衆 所以者何 佛說微塵衆 則非
微塵衆 是名微塵衆

"수보리여, 만약 자질이 뛰어난 남자나 자질이 뛰어난 여인이 삼천대천세계를 부수어 먼지로 만든다면, 그대의 뜻에는 어떠한가? 이 먼지들이 많지 않겠느냐?"

수보리가 말씀드렸다. "매우 많습니다. 세존이시여. 왜냐하면, 만약 이 먼지들이 참으로 있는 것이라면 부처님께서 바로 이것을 먼지들이라고 말씀하시지 않으셨을 것이기 때문입니다. 그 까닭이 무엇이냐 하면, 부처님께서 말씀하신 먼지들은 곧 먼지 아닌 것을 말씀하심이며 그 표현이 먼지들입니다."

제30분의 전반에서는 분석적 탐구로 깨달음에 이를 수 있는가를 살펴보고 있다.

불교의 경(經)이나 논(論)은 대부분 앞부분에서 가장 중요한 것을 밝히고 있다. 그리고 뒤로 갈수록 하나씩 풀어 가면서 자세히 설명하고 있다. 이것은 자질이 뛰어난 사람들로 하여금 시간 낭비를 하지 않도록 하기 위해서이다. 그렇지만 모든 사람들이 최상의 자질을 갖춘 것은 아니기 때문에 진행될수록 보다 더 자세히 분석하여 설명함으로써 깨달음에 이르게 하려고 노력한다.

만일 경이나 논을 볼 때 앞부분에서 내용이 무엇인가를 확연히 깨달아 버리면 뒤에까지 보지 않아도 된다. 하지만 가능하면 끝까지 보는 것이 더 좋다. 자신이 깨달은 도리가 부처님이나 논사(論師)들의 가르침과 동일한지를 확인할 수 있는 기회이기 때문이다.

『금강경』의 시작은 어떤 분석도 없이 그대로 드러내 보였다. '부처님께서는 기원정사에서 제자들과 함께 머무시다가 스라바스티 성으로 들어가시어 사람들을 만나시고 탁발을 하신 후 기원정사로 돌아오시어 공양하시고 다시 정좌하셨다.' 이것이 부처님의 진짜 모습을 드러낸 핵심이다. 그러니 여기서 깨달아 버리면 경의 다음 부분을 보지 않아도 된다. 물론 끝까지 보면 보다 더 세세한 부분까지가 분명해진다.

소명태자가 이 부분을 그저 '법회가 이루어지는 인연(法會因由分)'이라는 제목으로 분류했듯이, 대개 이 부분을 다음 대화를 끌어내기 위한 것이라고 이해하는 실수를 한다.

경의 제2분부터는 자세한 설명이 이어진다. 보살의 삶을 살기 위해서는 자기의 마음도 항복

받아야 하고 중생들의 마음도 항복받게 하여 일체중생을 남김없이 제도해야 함을 강조하였고, 그럼에도 중생을 제도한다는 생각이 있어서는 안 된다고 했다. 그 경지가 되기 위해서는 일체의 관념으로부터 자유로워야 한다는 것을 누누이 강조하였으며, 하나의 관념이 있어도 보살이 아니라고 했다. 그리고 부처님의 삶을 드러내기 위해 훌륭한 모습만으로는 여래라고 볼 수 없다고 반복해서 설명했고, 한편으로는 수행으로 성취한 원만한 보신(報身)과 자비로 펼치는 화신(化身)이 법신(法身)을 떠나지 않음도 강조했다.

이 모든 분석적 가르침을 다 모으면 여래가 될까?

한 대의 자동차를 분해하면 무수히 많은 부품이 된다. 이 부품을 조립할 수도 없는 사람에게 모두 가져다 주면 많은 자동차를 선물한 것이 될까? 조립하는 법을 완전히 익히기 전까지는 그저 많은 부품일 뿐이다. 누군가 부품에 집착을 하여 낱낱 부품을 열심히 닦으며 애정을 갖는다고 해도 결코 자동차가 될 수는 없다. 조립법을 열심히 배워서 낱낱 부품들이 제자리에 있게 하면 하나의 자동차가 될 것이다. 그럼 이젠 진정한 의미의 자동차인가? 그냥 세워만 두는 것을 자동차라고 하진 않는다. 자동차는 이동 수단이기 때문이다. 이 차를 운전하는 사람이 함께할 때 비로소 자동차다운 자동차가 된다.

부처님에 대한 모든 설명을 다 모아도 부처님은 되지 않는다. 팔만대장경에 있는 모든 교리를 다 모아도 깨달음은 아니다. 인간의 심층심리에 대한 분석인『유식론(唯識論)』을 다 암기해서 나열해도 인간의 마음이 되는 것이 아니다. 회사에서의 직책과 학벌과 혈통과 가정에서의 위치 등을 다 모아도 자기 자신은 아니다.

부처, 깨달음, 마음, 주인공은 관념이 아니다.

世尊 如來所說三千大千世界 則非世
界 是名世界 何以故 若世界實有者
則是一合相 如來說一合相 卽非一合
相 是名一合相 須菩提 一合相者 則
是不可說 但凡夫之人 貪着其事

"세존이시여, 여래께서 말씀하신 삼천대천세계는 세계가 아닌 것을 말씀하심이며, 그 표현이 '세계'라는 것입니다. 왜냐하면, 만약 세계라는 것이 참으로 있는 것이라면 곧 이것이 한 덩어리로 합한 모양일 것이기 때문입니다. 여래께서 말씀하신 한 덩어리 모양은 곧 모양 아닌 것을 말씀하심이며, 그 표현이 한 덩어리로 합한 모양입니다."

"수보리여, 한 덩어리로 합한 모양이라는 것은 곧 이것이 말로 표현할 수 없는 것인데, 다만 어리석은 사람들이 그것을 탐내고 집착하느니라."

제30분의 후반에서는 깨달음 또는 여래에 대한 완벽한 명제 또는 완벽한 언어가 있기는 한 것인가에 대해 설명을 하고 있다.

앞에서 『금강경』의 핵심은 제1분에 있다고 설명했다. 그러나 말씀으로 그 핵심을 가르쳐 주신 것은 제3 대승정종분(大乘正宗分)이다. 제1분에서 참된 부처님을 만난 사람이라면 특별한 설명이 없어도 상관이 없다. 하지만 부처님의 실체를 모르는 사람에게는 부득이 언어적인 설명이 필요하다. 그래서 제3분의 설명이 나왔고, 제3분에서도 깨닫지 못한 이들을 위해 보다 더 자세한 설명이 나왔다. 그러나 자세한 설명을 들은 이들은 오히려 지엽적인 것들에 관심을 갖게 되어 설명하고자 했던 핵심으로부터 더욱 멀어지는 경우가 많다.

그럼 모든 설명을 다 모아 놓으면 설명하고자 했던 핵심이 되는 것일까?

팔만대장경에서 설명하고자 한 것을 몇 가지로 요약하면 해탈, 깨달음, 부처, 진여 등이다. 그렇다면 팔만대장경을 다 읽고 이해하면 해탈하고 깨달아 부처가 되고 진여의 삶이 되는 것일까?

분해된 자동차 부품들을 완전히 조립해 놓아도 진정한 의미에서는 자동차라고 할 수 없다. 사람이 운전을 할 때 비로소 자동차가 된다. 그러나 굴러가는 것만으로 자동차의 가치가 정해지는 것은 아니다. 그래서 자동차를 살 때 갖가지 기능을 다 살펴보고 시운전도 해 본 후에야 비로소 애써 번 돈을 지불하고 자기의 생활도구로 선택하는 것이다.

해탈이라는 말이 우리를 자유롭게 해 주지도 않고, 깨달음이라는 말이 우리를 초월시켜 주지도 않는다. 부처라는 말이 우리를 단번에 행복하게 만들어 주지도 않고, 진여라는 말이 우리의 삶을 맑고 자유롭게 해 주지도 않는다. 그런데 왜 수많은 이들이 자신의 삶을 통째로 던져 해탈, 깨달음, 부처, 진여로 향하려 하는가? 그만한 가치가 충분하기 때문일 것이다.

그럼 그 가치라는 것은 무엇일까? 그것을 가장 요약한 것이 또한 해탈(解脫), 깨달음, 부처, 진여(眞如)라는 용어이다. 그런데 실제로 이 용어가 가리키는 경지에 이른 사람에게는 그 가치가 분명한 것이지만, 용어에 대한 뜻풀이로만 접근하는 이들에게는 그 가치가 분명하지가 않다. 불교를 수행의 종교라고 하는 까닭이 여기에 있다. 수행의 결과로 체득한 경지가 아니라면 모두 헛소리가 될 것이고, 직접 체득한 이가 그 경지에 대해 타인에게 설명해도 그 순간 들은 이가 스스로 상승을 하거나 또는 이후에라도 체득하지 못한다면 그저 짙은 안개 속에서 멀리 있는 사물을 보듯 할 것이다.

제30분에서 제시한 삼천대천세계와 무수한 먼지의 관계는 연기(緣起)의 원리를 좀 다르게 표현한 것이다.

신라 의상조사(義湘祖師)께서는 『법성게(法性偈)』에서 연기의 이치를 이렇게 요약하셨다. '하나 가운데 모든 것 있고 모든 것 속에 하나 있어, 하나는 모든 것과 만나고 모든 것은 곧 하나와 만난다. 한 티끌 그 가운데 우주를 머금었고, 모든 티끌들도 다시 또한 그러하다.' 그러나 연기의 원리를 살펴 체득한 경지인 깨달음이나 진여 등은 만질 수 있거나 볼 수 있는 그런 존재가

▶ 모든 모습 다 모았으니 이젠 완벽한 석가세존이신가. −원로 사진작가인 안장헌 선생 촬영 석굴암 본존불 −개화사 설법전 소장

실체는 관념들의 집합이 아니다 373

아니다. 그래서 『법성게(法性偈)』에서는 이렇게 설명했다.

'법의 성품 원융하여 두 모양 없으니, 모든 법 움쩍 않아 본래로 고요하네. 이름 없고 모양 없어 일체가 끊겼으니, 깨친 지혜 알 바요 달리 알 수가 없는 경계.'

언어는 아무리 명료한 것이라도 실체가 아니다. 닦지도 않으면서 깨달음이나 법신(法身) 등을 마치 객관적인 존재인 것처럼 자꾸만 집착한다면 그것 또한 큰 병이다.

知見不生分 第三十一
지견불생분 제 31

지견을 내지 않아야 한다

▲ 부처님 곁에 오래 있었다고 해탈한 것은 아니다. 미얀마 헤호 파웅도우 파야 벽화 석존열반상 – 2012년 11월 23일 촬영

須菩提 若人言 佛說我見人見衆生見
壽者見 須菩提 於意云何 是人 解我
所說義不 不也世尊 是人 不解如來
所說義 何以故 世尊說我見人見衆生
見壽者見 卽非我見人見衆生見壽者
見 是名我見人見衆生見壽者見 須菩
提 發阿耨多羅三藐三菩提心者 於一
切法 應如是知 如是見 如是信解 不
生法相 須菩提 所言法相者 如來說
卽非法相 是名法相

"수보리여, 어떤 사람이 '부처님께서 나라는 견해·사람이라는 견해·중생이라는 견해·목숨이라는 견해를 말씀하셨다'고 한다면, 수보리여, 그대의 뜻에는 어떠한가? 이 사람이 내가 말한 뜻을 바르게 이해한 것이겠느냐?"

"아니옵니다. 세존이시여. 이 사람은 여래께서 말씀하신 뜻을 이해하지 못하였습니다. 왜냐하면, 세존께서 말씀하신 나라는 견해·사람이라는 견해·중생이라는 견해·목숨이라는 견해는 곧 나라는 견해·사람이라는 견해·중생이라는 견해·목숨이라는 견해가 아니라고 하셨으며 그 표현이 나라는 견해·사람이라는 견해·중생이라는 견해·목숨이라는 견해이기 때문입니다."

"수보리여, 가장 높고 바르며 원만한 깨달음의 마음을 일으킨 사람은 모든 가르침을 대함에, 바르게 알고 바르게 보며 바르게 믿고 이해하여 '가르침이라는 관념'을 일으키지 않아야 하느니라. 수보리여, '가르침이라는 관념'이라고 말한 것은 여래가 '가르침이라는 관념'이 아닌 것을 말함이며, 그 표현이 '가르침이라는 관념'이니라."

제31분에서는 어떻게 하면 부처님께서 가르쳐 주신 경지에 이를 수 있을까를 말씀하셨다. 바로 앞에서는 가르침의 본질에 대한 분석적 접근과 총체적 접근의 문제를 살폈다면, 여기서는 가르침을 받는 이가 도달해야 할 마음 상태를 설명한 것이다.

『금강경』에서는 깨달음을 장애하는 것이 '관념(相)'임을 계속해서 지적하고 있다. 구마라집 역본에서는 네 가지 관념(四相)을 들고 있지만 범본(梵本)에는 더 많은 관념을 열거하고 있는데, 이는 깨달음을 장애하는 것이 고정관념이라는 뜻이다. 이 고정관념(相)은 개개인이 가진 색안경과 같아서, 각자의 마음에 왜곡현상을 일으키어 개개인의 괴로움을 만든다.

그런데 이 고정관념에 의해 왜곡된 견해를 주

장하기 시작하면 곧바로 타인에게 영향을 미쳐서 타인까지도 괴롭게 만든다. 이렇게 되면 타인을 지혜로운 삶으로 인도해야 하는 '보살의 삶'과는 정반대가 되어 타인을 괴롭힐 뿐만 아니라, 괴로워진 타인들에 의해 자신의 괴로움도 더욱 커지고 만다. 그렇기 때문에 스스로 해탈에 이르고 타인을 해탈시키려면 일체의 관념(相)으로부터 자유로워져서 왜곡된 견해를 내어서는 안 된다고 말씀하셨다.

몸에 병이 생겨 고통스러운 사람은 의사에게 진료를 받고 처방전을 받는다. 하지만 처방전 자체는 병을 낫게 하지 못하기에, 처방전을 아무리 잘 보관하고 있어도 병의 고통은 계속된다. 그러므로 약사로부터 약을 받아야 하는데, 이 약도 가지고 있는 것만으로는 병을 낫게 하지 않는다. 환자가 그 약을 직접 복용하여 병을 다스려야 한다. 비록 훌륭한 의사를 만나 처방을 받고 뛰어난 약사를 만나 약을 받아도, 환자 자신이 약을 복용하지 않는다면 아무 소용이 없다.

『금강경』에서 '모든 관념(相)으로부터 자유로워져야 한다'는 가르침을 만난 것은 훌륭한 처방전을 받은 셈이다. 다음으로 관념이 어떻게 해서 만들어지고 굳어지는지를 잘 살피는 것은 약을 손에 넣는 것과 같다. 그리고 그 관념이 시작되기 전의 상태로 돌아가기 위해 노력하는 것은 약을 복용하는 것에 해당된다. 그 결과로 완전히 고정관념(相)으로부터 자유로워졌다면, 병이 다 나아서 건강을 회복한 것과 같다. 비로소 부처님께서 가르쳐 주신 해탈에 이른 것이며, 본래의 청정한 경지를 회복한 것이다.

그런데 부처님께서 가르치신 말씀이 곧 진리라고 생각한 사람들은 그 말씀만을 연구하며 수행을 하지 않는다. 그 결과로 전문적인 이론가가 될 수는 있지만 자신은 여전히 온갖 번뇌로 괴로워한다. 이는 뛰어난 의사들로부터 처방전을 많이 받아 자랑하면서도 실제로는 약을 복용하지 않아 병고가 심해지는 사람과 같다.

또 하나의 잘못이 있다. 근본불교의 가르침은 간단하여 받아들이기 쉽다는 주장이다. 이것 또한 이해하기 쉽다는 말일 뿐, 실천하여 해탈하기 쉽다는 뜻은 아니다. 만약 그 방법으로 수행하는데도 해탈하지 못한다면 자신의 수행력이 부족하거나, 또는 그 수행법이 최후의 것이 아니라 초기 또는 중간 단계의 것이었음을 빨리 알아차려야 한다.

부처님의 가르침은 이해할 대상이 아니라 실천할 덕목이다.

應化非眞分 第三十二
응 화 비 진 분 제 32

조건 따라 보인 것은 참된 것이 아니다

▲ 여기 걸리지 않는 길이 있다. 그 길을 보는 자는 해탈하리라.

須菩提 若有人 以滿無量阿僧祇世界
七寶 持用布施 若有善男子善女人 發
菩薩心者 持於此經 乃至四句偈等 受
持讀誦 爲人演說 其福勝彼 云何爲人
演說 不取於相 如如不動 何以故

一切有爲法 如夢幻泡影

如露亦如電 應作如是觀

佛說是經已 長老須菩提 及諸比丘比
丘尼 優婆塞優婆夷 一切世間天人阿
修羅 聞佛所說 皆大歡喜 信受奉行

"수보리여, 만약 어떤 사람이 한량없는 아승기 세계에 가득한 칠보로써 보시한다고 하자. 또 만약 어떤 자질이 뛰어난 남자나 자질이 뛰어난 여인으로서 보살의 마음을 낸 사람이 금강경에서 사구게 등이라도 받아 지니어 읽고 외우며 다른 사람을 위해 가르쳐 준다면, 이 사람의 복이 앞의 사람보다 더 뛰어나니라.

어떻게 다른 사람을 위해 가르쳐주어야 하겠느냐? 관념에 집착하지 아니하면 한결같이 할 수 있으리라. 왜 그러한가?

　인연 화합으로 이루어진 모든 것은
　꿈과 환상, 물거품과 그림자 같으며
　이슬과 같고 번갯불과 같은 것이니,

모름지기 이와 같이 살펴야만 하리라."

부처님께서 이 경을 설해 마치시니, 장로 수보리와 모든 비구 비구니 우바새 우바이 그리고 모든 세상의 천신·사람·아수라가 부처님 말씀을 듣고 모두 크게 환희하여 믿고 받아 받들어 행하였다.

제32분은『금강경』의 마지막 부분이면서 결론이고, 한편으로는 새로운 시작이면서 첫 질문에 대한 답이기도 하다.

제32분의 앞부분은 이미 이전에 여러 차례 비유를 들어 설명을 한 것을 다시 말씀하셨는데, 상상불허의 보시(布施)를 한 이보다『금강경』의 가르침을 받아들여 스스로도 깨닫고 타인도 깨닫게 하는 보살이 훨씬 더 뛰어나다는 것이다. 다시 말해 물질적 복지를 아무리 잘해도 마음 편케 해 주는 것보다 못하다는 뜻이다.

불교는 처음부터 마음을 편케 하려는 해탈의 가르침이다. 그런데 요즘은 웬일인지 세속의 복지중심 정책이 더 훌륭하다는 듯 따라하지 못해 안달이다. 어느덧 승가 내부에도 깊게 들어와 버렸다. 그 여파로 깨닫기 위한 피나는 노력을 시대에 뒤떨어진 고리타분한 유산처럼 말하기도 하고, 깨달음이 중요하지 않다고 강변하는 스님들까지 있다. 말재주로 사람들의 관심을 좀 끄는 이들을 대단한 선지식으로 여기면서, 묵묵히 기도로 대중을 이끄는 지도자를 복이나 비는 어리석은 이라고 매도하기도 한다. 과연 그런지 『금강경』을 다시 보라. 처음부터 끝까지 깨달음을 강조하고 있지 않은가. 시끄러운 토론으로 마음이 편안해지는지 아니면 기도나 참선의 삼매로 마음이 편안해지는지, 직접 두 가지를 체험해 보면 금방 알 수 있다.

그럼 어떻게 깨달음으로 인도할 수 있는가? 자신이 먼저 일체의 관념으로부터 해탈해야 한다. 학문적이건 철학적이건 종교적이건 이미 고정된 관념을 가지고 있다면 그는 자유롭지 못하다. 자신도 자유롭지 못한 이가 과연 누굴 자유롭게 해 주겠는가.

해탈에 이른 이는 늘 연기(緣起)의 이치에서 어긋나지 않는다. 그것을 지혜라고 표현할 수 있다.

세상에는 인연화합으로 이루어진 현상(事)이 있고, 그 현상으로부터 자유로운 이치(理)가 있다. 사람들이 집착하는 그 모든 것은 다 현상(事)이다. 물질적인 것은 말할 것도 없거니와 일체의 관념도 인지작용에 의한 현상(事)이다. 이 현상으로부터 자유롭기 위해서는 두 가지를 깨달아야 한다. 하나는 꿈·환상·물거품·그림자처럼 실체가 아님을 사무치게 깨달아야 한다. 또 하나는 이슬이나 번갯불처럼 영속성이 없다는 것을 철저하게 깨달아야 한다. 이렇게 되면 자연히 보이지 않던 이치(理)와 자신이 하나가 되며, 어떤 것에도 걸리지 않고 자유롭게 된다. 이런 사람이라야 비로소 타인을 인도할 수 있다.

제32분의 계송은 수보리존자의 첫 질문인 '보살의 삶을 살고자 발심한 사람의 마음자세와 실천이 어떠해야 하는가?'에 대한 멋진 답이다. 그것은 연기의 이치를 이해하는 정도에 그치지 말고 철저히 깨달아 자기의 삶이 되도록 하라는 것이다.

보살행은 출가자나 재가자 모두가 닦아야 할 수행법이다. 발심한 이라면 누구나 자신의 참된 지혜를 쓸 수 있기 때문에, 출가자와 재가자 모두가 해탈할 수 있다. 그러니 바로 시작하자.

송강스님의
다시 보는 금강경

번역 및 해설	송강
초판 발행	2017년 2월 16일
펴낸곳	도서출판 도반
펴낸이	이상미
편집	김광호, 이상미
대표전화	031-465-1285
이메일	dobanbooks@naver.com
홈페이지	http://dobanbooks.co.kr
주소	경기도 안양시 만안구 안양로 332번길 32
ISBN	978-89-97270-69-9(03220)